Ursel Scheffler

Adventskalender Geschichten

24 Geschichten zum Vorlesen

Mit Illustrationen von
Frauke Weldin

HERDER

FREIBURG · BASEL · WIEN

Inhalt

# Der Adventskalender

Benni möchte am 1. Dezember unbedingt das erste Türchen am Adventskalender aufmachen.

„Dann ist morgen Sara dran", sagt Mama.

„Ich möchte aber zuerst", sagt Sara. „Ich bin die Älteste!"

„Die Kleinen dürfen immer zuerst", beharrt Benni. „Weil die alten Kinder schon länger Adventskalender aufgemacht haben als die jungen."

„Dann ist Nils dran", sagt Mama. „Der ist der Jüngste."

„Der kann noch nicht mal die Zahlen lesen", mault Benni.

„Dann machen wir es nach dem ABC", schlägt die Mutter vor.

„Ich will aber zuerst!", heult Benni.

„Du bist dumm", sagt Sara. „Nach dem ABC bist du der Erste, dann kommt Nils und ich bin die Letzte. Aber dafür darf ich dann auch das Weihnachtstürchen aufmachen. Ätsch."

„Woher weißt du das?", sagt Benni.

„Weil ich älter bin. Und weil ich rechnen kann. Jeder darf 8 Türchen aufmachen. Und drei mal acht ist vierundzwanzig. Und wer zuletzt drankommt, macht das vierundzwanzigste auf, und das bin ich."

Benni klettert schweigsam auf den Stuhl und macht das erste Türchen auf. Es ist ein Hampelmann drin. Wenn Sara das Weihnachtstürchen aufmachen darf, dann macht es gar nicht mehr so viel Spaß, das erste Türchen aufzumachen. Blöde Sara! Am nächsten Tag ist Nils dran. Er ist erst dreizehn Monate alt. Papa muss ihn hochheben. Seine kleinen Finger sind noch ungeschickt.

Papa muss ihm beim Aufmachen helfen. Am dritten Tag ist Saras Tag. Sie öffnet das dritte Türchen noch vor dem Frühstück.

„Es ist ein Schrank drin. Der ist voller Geschenke. Die sind alle für mich", sagt Sara. Benni trinkt seinen Kakao und sagt nichts.

Da ruft Sara plötzlich ärgerlich: „Wer hat hinter das 24. Türchen geguckt? Das ist meins!" Kein Zweifel. Da ist einer am Adventskalender gewesen, hat das Türchen aufgemacht und mit einem Stückchen Tesafilm wieder zugeklebt.

„Vielleicht der Papa oder Opa", sagt Benni.

„Ich war es jedenfalls nicht", sagt Sara.

Die Mutter sieht Benni prüfend an. Der steckt seine Nase in die Kakaotasse. Man sieht nur noch zwei große dunkelbraune Augen.

„Benni? Warst du's?"

„Ich kann doch gar nicht rauflangen! Ich bin doch zu klein", ist Bennis ausweichende Antwort.

„Das ist wieder typisch. Der arme Kleine", murmelt Sara.

„Noch wissen wir ja nicht, ob er es wirklich war", sagt die Mutter.

„Ausgerechnet die 24. Tür. Die Weihnachtstür. Meine", sagt Sara. Beim Adventskalender versteht sie keinen Spaß.

„Das ist doch nichts Besonderes. Wo doch jeder weiß, dass beim Adventskalender an Weihnachten die Krippe mit dem Christkind drin ist", sagt Benni.

„Und woher weißt du das?", fragt Sara.

„Weil es immer so ist", antwortet Benni.

„Benni, gib wenigstens zu, dass du es warst", sagt die Mutter.

„Mein Tesa ist alle. Ich hab gar keinen Kleber", sagt Benni.

Aber seine Ausreden überzeugen keinen.

„Als ich klein war, hat meine Großmutter immer erzählt, dass das Christkind in der Krippe ganz ärgerlich guckt, wenn man das Türchen am Adventskalender vorher aufmacht", sagt der Vater, als er beim Abendessen von dem rätselhaften Adventskalendertüraufbrecher erfährt.

„Stimmt nicht", sagt Benni trotzig. „Unseres hat gelacht!"

„Benni!!!", rufen alle wie aus einem Mund.

Benni, der merkt, dass er sich jetzt verraten hat, rutscht unter den Tisch und sucht nach seinem Turnschuh.

„Wo ist denn der Benni?", erkundigt sich der Großvater, der jetzt zur Tür hereinkommt.

„Unterm Tisch. Er sucht nach einer Ausrede", sagt Sara.

„Nein, nach meinem Turnschuh", sagt Benni und taucht wieder auf.

„Und das Weihnachtstürchen ist fast von selbst aufgegangen beim Hingucken. Aber damit Sara nicht traurig ist, darf sie morgen mein Türchen aufmachen!", sagt er großzügig. Dann klettert er zu Sara auf den Schoß und legt den Kopf an ihre Schulter.

„Oh, Benni", sagt Sara und zaust ihn an den Haaren. „Man kann dir ja nicht richtig böse sein. Jedenfalls nicht lange."

Der schlaue Fuchs

Barbara hat schon oft gesehen, wie ein Gänseküken aus dem Ei geschlüpft ist. Aber jedes Mal ist es für sie wieder ein neues Wunder. Erst sieht man nur die Risse in der Schale und dann den winzigen pickenden Schnabel und schließlich erblickt ein kleines Wesen zum ersten Mal das Licht der Welt!

Ein paar Eierschalen hängen noch an dem Küken, das jetzt seine ersten Schritte macht. Da fegt plötzlich der Hund über den Hof. Die Gänsemutter bringt sich schnatternd hinter dem alten Pferdestall in Sicherheit. Die Küken, die schon vor einer Weile geschlüpft waren, laufen aufgeregt piepsend hinter ihr her. Das frisch geschlüpfte Küken findet sich in der Welt noch nicht zurecht und macht aufgeregt „wi-wi-wi".

„Komm her zu mir!", ruft Barbara. „Der Hund tut dir nichts!" Sie nimmt das kleine Gänseküken behutsam in ihre warme Hand.

Barbara lebt mit ihren Eltern, Geschwistern und Großeltern auf einem Bauernhof. Und sie hätte nirgends anders leben mögen, denn sie liebt Tiere. Vor allem Küken, Ferkel, Welpen, Kätzchen, Kaninchen – kurz alles, was auf dem Bauernhof klein und schutzbedürftig ist. Kein Wunder, dass sie sich gern um das kleine Küken kümmert, das die anderen im Stich gelassen haben.

Und weil das Gänsekind als erstes Wesen auf der Welt Barbara gesehen hatte und nicht die Gans, hielt es Barbara für seine Mutter. Den ganzen Frühling über lief es hinter Barbara her, über die Wiese, am See entlang, in den Wald. Es badete sogar mit Barbara im Teich. Es rannte hinter Barbara her, wenn sie in die Schule wollte, und es schlief in einem weichen Pullover neben Barbaras Bett. Die anderen lachten, wenn sie Barbara mit ihrer Gans sahen, und nannten die kleine Gans Baba.

Die Gans wuchs im Sommer natürlich draußen auf der Weide mit den anderen Gänsen auf. Aber wenn sie Barbara sah, lief sie aufgeregt schnatternd auf sie zu, um sie zu begrüßen.

Die jungen Gänse wuchsen heran. Auch aus Baba war im Herbst eine stattliche Gans mit weichen Federn und einem kräftigen Schnabel geworden, die außer Barbara keinen an sich herankommen ließ. Dann kam der Winter.

Die Gänse kamen von der Weide in den Stall.

„Macht die Tür gut zu! Wir haben draußen beim Teich einen Fuchs gesehen!", warnte der Großvater und schob den Riegel vor.

Und die Großmutter sagte: „Fehlte noch, dass uns der Weihnachtsbraten weggeholt wird!"

Da erinnerte sich Barbara mit Schrecken daran, dass jedes Jahr zur Weihnachtszeit die Gänse auf dem Markt verkauft wurden.

Und eine – die schönste – behielt Großmutter als Weihnachtsbraten zurück. Und die schönste war ohne Zweifel Baba! Baba als Weihnachtsgans? Das war Mord!

Beim Mittagessen schmiedete Barbara einen Plan: Nach dem Abendessen, als alle dachten, dass sie längst im Bett sei, schlich sie hinaus zum Stall. Sie holte Baba heraus und lockte sie mit einer Hand voll Futter zum alten Pferdestall. Der wurde nicht mehr benutzt, weil es auf dem Bauernhof keine Pferde mehr gab. Der Großvater hatte sogar davon gesprochen, das baufällige Gebäude im nächsten Jahr abzureißen. Aber jetzt war es das ideale Versteck für Baba. Barbara öffnete eine der leeren Boxen, verteilte Stroh auf dem Boden und setzte Baba hinein. Sie gab ihr Wasser und etwas zu fressen.

„Hier kannst du es eine Weile aushalten, Baba. Morgen besuche ich dich und bringe neues Futter", versprach Barbara. Sie schloss die Tür sorgfältig hinter sich und ging zum Haus zurück. Vor dem Gänsestall zögerte sie, lief noch einmal hinein, holte eine Hand voll Federn heraus und verteilte sie vor der Tür, ehe sie den Riegel wieder vorschob. Dann ging sie zufrieden in ihr Zimmer. Bevor sie ins Bett ging, sah sie von ihrem Fenster aus zu dem alten Stall hinüber, der friedlich im Mondlicht auf der Wiese lag. Keiner außer ihr kannte sein Geheimnis.

Als sie am nächsten Morgen mit dem Großvater das Futter zum Gänsestall brachte, entdeckten sie die Federn gemeinsam. Barbara riegelte die Stalltür auf und rief: „Großvater, Baba ist weg! Die muss der Fuchs gestohlen haben!"

Der Großvater sah sie prüfend an und sagte dann: „So, so. Die Baba hat der Fuchs gestohlen. Schade. Sehr schade. Es muss allerdings ein ganz schlauer Fuchs gewesen sein, weil er sich die allerschönste Gans ausgesucht hat!"

Barbara antwortete nicht. Sie sah verlegen auf den Boden.

„Die arme Baba", sagte die Großmutter beim Frühstück.

„Jaja, gegen einen schlauen Fuchs kann man nichts ausrichten", brummte der Großvater und zwinkerte Barbara zu. „Er war sogar so schlau, dass er hinterher wieder den Riegel vorgeschoben hat."

Barbara bekam einen roten Kopf. Da hatte sie doch in alter Gewohnheit den Riegel vorgeschoben! Wie konnte sie nur so dumm sein!

„Nun", meinte der Großvater, „da müssen wir in diesem Jahr eben auf einen Weihnachtsbraten verzichten. Wenn ihr mich fragt, so bekommt mir das sowieso besser. Meine Galle, ihr wisst ja, da ist Gänsefett nicht das Beste …"

„Dieses Jahr – keinen Gänsebraten?", vergewisserte sich Barbara. Die Großmutter staunte. Die anderen auch.

„Na ja. Sag ich doch! Wenn ich mir etwas wünschen darf: böhmische Pflaumenknödel, mit Zimt und Zucker, so wie sie meine Mutter immer gemacht hat."

Damit waren alle einverstanden. Und als der Großvater hinausging, rief er Barbara zu: „Ein schlauer Fuchs. Wirklich. Würde mich nicht wundern, wenn er Baba wieder in den Stall zurückbringt. Jetzt, wo es Pflaumenknödel zu Weihnachten gibt!"

3 Vorweihnachtstrubel

Grüner Kranz mit roten Kerzen,
Lichterglanz in allen Herzen,
Weihnachtslieder, Plätzchenduft,
Zimt und Sterne in der Luft.
Garten trägt sein Winterkleid,
wer hat noch für Kinder Zeit?

Leute packen, basteln, laufen,
grübeln, suchen, rennen, kaufen,
kochen, backen, braten, waschen,
rätseln, wispern, flüstern, naschen,
schreiben Briefe, Wünsche, Karten,
was sie auch von dir erwarten.

Doch wozu denn hetzen, eilen,
schöner ist es zu verweilen,
und vor allem dran zu denken,
sich ein Päckchen „Zeit" zu schenken.
Und bitte lasst noch etwas Raum
für das Christkind unterm Baum!

4 Der Geheimschrank

„Ich weiß, was du zu Weihnachten kriegst!", behauptet Michel.

„Was denn?", fragt Kathrinchen.

„Verrat ich nicht. Bäh. Alle Mädchen sind neugierig!", sagt Michel und grinst. Ziemlich frech, findet Kathrinchen. Michel ärgert seine jüngere Schwester gern. Und diesmal ärgert sich Kathrinchen wirklich sehr.

„Mädchen sind kein bisschen neugieriger als Jungen!", protestiert sie. Aber Michel lacht nur. Wieder ziemlich frech.

Da hat Kathrinchen eine Idee. Sie beschließt, sich zu rächen und Michel ganz, ganz neugierig zu machen. Am Nachmittag schließt sie sich in ihr Zimmer ein. Mit Tesa klebt sie ein Schild an ihre Tür, auf dem steht: „Zutritt strengstens verboten!"

Sie bastelt zwar bloß am Weihnachtsschmuck für den Bazar in der Schule. Aber das braucht Michel ja nicht zu wissen. Er kümmert sich anscheinend auch gar nicht darum. Laut pfeifend geht er an der Zimmertür vorbei, als sei ihm das Schild schnurzpiepegal. Kathrinchen lässt jetzt die Tür einen Spalt offen. Auf ihrem Tisch steht eine große Schachtel. „Für Michel", steht darauf. Michel liest es im Vorübergehen aus den Augenwinkeln. Aber er tut natürlich so, als habe er nichts gesehen. Dann ist die

Schachtel verschwunden. Die Tür zu Kathrinchens Zimmer steht weit auf. An der Schranktür klebt ein Schild:

Geheimschrank!
Bitte nicht öffnen!

Einen Tag hält es Michel aus. Am zweiten schleicht er in Kathrinchens Zimmer und dreht ganz zufällig am Schlüssel der Schranktür. Aber die Tür macht er nicht auf, weil in diesem Augenblick Kathrinchen aus der Schule kommt.

Am nächsten Tag ist Kathrinchen bei ihrer Freundin eingeladen. Sie wollen zusammen zum Weihnachtsbazar. Michel ist allein zu Hause. Auf einmal zwickt ihn die Neugier so, dass er es nicht mehr aushält. Er geht in Kathrinchens Zimmer. Vorsichtig dreht er den Schlüssel um. Die Schranktür geht auf. Am Ärmel von Kathrinchens rotem Anorak prangt ein weißes Schild, auf dem steht in Druckbuchstaben:

Ha, wusst ich's doch!
Du bist der Neugierigste von allen.

Da ärgert sich Michel unheimlich. Als Kathrinchen zurückkommt, sieht sie ihn gespannt an. Er sagt nichts. Aber sie ahnt den Grund für seine schlechte Laune.

Michel versucht, sich nichts anmerken zu lassen. Aber dass Mädchen neugieriger sind als Jungen, hat er nie wieder gesagt.

5 Weihnachtsbrief an Oma

„Jenny, vergesst nicht, den Brief an Oma zu schreiben!", ruft die Mutter, während sie den Mantel anzieht.

„Was sollen wir denn schreiben?", fragt Jenny.

„Na, dass ihr euch freut, dass sie zu Weihnachten kommt und so weiter."

„Ich schreibe nie Briefe. Höchstens Postkarten", murmelt Jonas.

„Ich kann doch nicht schreiben", mault Felix.

„Dann malst du eben was", sagt die Mutter. „Euch wird schon was einfallen!"

Sie greift nach dem langen Einkaufszettel und schiebt ihn in die Manteltasche. Klapp! Schon fällt die Tür hinter ihr ins Schloss.

Die Mutter hat recht. Jonas, Jenny und Felix fällt eine ganze Menge ein! Sie spielen U-Boot unterm Tisch. Sie springen vom Sofa ins Meer. Sie binden ein Tischtuch an den Schrubber und bauen ein Segel. Dann klingelt es. Es sind Peter und Kitty, die Nachbarskinder. Sie kommen gerade im richtigen Moment: Jonas, Jenny und Felix brauchen dringend Ruderer für die Rettungsboote. Kurz darauf verkleiden sich alle als Piraten. Bald tobt im Bad eine gefährliche Wasserschlacht. Felix heult, weil Kitty gemeinerweise mit Seifenwasser spritzt. Er möchte lieber Cowboy und Indianer spielen. Das ist wenigstens ein trockenes Spiel.

Wasti, der Rauhaardackel, ist das wilde Pony, das mit dem Lasso eingefangen werden muss. Als das wilde Pony unterm Sofa liegt und nicht mehr hervorzubewegen ist, fällt Jenny wieder der Brief an Oma ein.

Da ist es schon halb vier.

„Was schreiben wir bloß?", jammert Jenny und kaut an ihrem Bleistift.

Felix lässt auf der großen Wasserlache im Bad Papierschiffchen schwimmen und sagt gar nichts.

„Fang mit dem Datum an!", rät Peter.

Jonas schreibt das Datum und gibt den Brief an Jenny weiter.

„Ich fange den Brief an meine Oma immer so an", sagt Kitty.

„Liebe Oma, wie geht es dir? Mir geht es gut. Vielen Dank für deinen letzten Brief."

„Das ist doof. Unsere Oma hat so lange nicht geschrieben", sagt Jenny.

„Dann schreib auf, dass es schneit!", meint Kitty.

Jenny schreibt, dass es schneit und dass sie sich freut, wenn Oma an Weihnachten kommt.

„Sind schon fünf Zeilen!", sagt Peter bewundernd. Da kommt Felix aus dem nassen Badezimmer angepatscht.

„Jetzt komm ich dran", sagt er und grapscht nach dem Bleistift. Er kritzelt drauflos.

„Mal nicht in meine Zeilen!", warnt Jenny.

„Das kann doch kein Mensch lesen!", meint Peter.

„Kann Oma wohl lesen. Oma kann immer lesen, was ich schreib", sagt Felix. Er malt noch einen Tannenbaum und ein Auto, das wie ein Frosch aussieht. Dann schiebt er Jenny den Bogen wieder hin.

„Die Seite ist erst halb voll", sagt Jenny.

„Macht doch nichts. Ihr müsst bloß noch ‚Viele Grüße' und eine große Unterschrift schreiben", schlägt Kitty vor.

Jonas schreibt: „Viele Grüße, Dein Jonas."

Dann unterschreibt auch Jenny und sagt: „Bestimmt kommt Mama gleich. Ich geh schnell ins Bad und wisch die Pfütze auf."

Als Felix unterschrieben hat, ist die Seite immer noch nicht voll. Eine volle Seite sollte man Oma schon schreiben, findet Jenny. Das hat sie verdient. Oma freut sich immer so über Post. Kitty und Peter wollen auch unterschreiben. Das füllt die Seite.

„Meinetwegen", sagt Jonas.

Aber Jenny hat was dagegen: „Nein, das ist unsere Oma. Ihr gehört doch nicht zur Familie!"

Plötzlich hat Jonas eine verrückte Idee. Wasti soll noch unterschreiben. Der gehört schließlich zur Familie, oder nicht?

„Euer Hund kann doch nicht schreiben!", sagt Peter.

„Du wirst dich wundern!", sagt Jonas.

Mit einem Hundekuchen gelingt es ihm, Wasti unter dem Sofa hervorzulocken.

„Wasti kann nicht mal malen!", brummt Felix.

„Denkste. Er kann einen Pfotenabdruck machen. Den kann Oma genauso lesen wie dein Gekritzel!", behauptet Jonas und holt geschäftig das Glas mit der roten Fingerfarbe. Er kleckst etwas davon auf einen Kaffeeteller und vermischt es mit Wasser. Mit List und drei Hundekuchen gelingt es ihm, Wastis rechte Vorderpfote

in den Kaffeeteller zu stippen und auf den Briefbogen zu drücken.
Es klappt! Das Papier ist voll. Es sieht sehr hübsch aus.

„Ich will auch einen Pfotenabdruck machen!", sagt Felix und patscht mit der Hand in den Teller.

„Vorsicht! Du verdirbst sonst alles!", ruft Jonas erschrocken und dreht das Blatt um. „Mach ihn auf die Rückseite."

Es klingelt. Jonas läuft zur Tür.

„Mama!", ruft Felix.

Wasti reißt sich los, um die Mutter zu begrüßen. Er springt an ihrem hellen Wintermantel hoch. Der bekommt rote Tapser. Genau wie der Teppichboden.

Felix stützt sich beim Aufstehen mit der feuchten roten Hand an der Tapete ab und sagt stolz: „Gerade sind wir fertig mit dem Brief. Und alles ist ganz voll!"

„Das sehe ich!", stöhnt Mama und sinkt auf einen Stuhl. „Könnt ihr mir das erklären?" Wortlos starrt sie auf die leuchtend rote Spur, die von der Haustür den Flur entlang bis ins Schlafzimmer führt. An der Schlafzimmertür taucht jetzt Wasti auf. Er hat zur Begrüßung Papas Pantoffel geholt. Das macht er immer, wenn jemand heimkommt. Jetzt leuchtet im Flur eine rote Doppelspur. An ihrem Ende steht Wasti. Er hat den Pantoffel in der Schnauze, wedelt mit dem Schwanz und sieht die Mutter erwartungsvoll an. Doch keiner lobt ihn. Er versteht die ganze Aufregung nicht. Und die Mutter versteht auch nicht, wie das alles gekommen ist. Deshalb hat ihr Jenny endlich alles erklärt.

Übrigens: Die Großmutter hat sich über den Brief sehr gefreut. Das hat sie an Weihnachten allen erzählt.

Ayshe und der Weihnachtsmann

Ayshe wohnt am Ende der Straße in dem Haus mit den grün gestrichenen Fenstern. Der Postbote kannte Ayshe schon seit einiger Zeit. Sie kam meist aus der Schule heim, wenn er in der Brückenstraße gegen Mittag die letzte Post austrug. Zweimal hat er schon einen Brief für sie gebracht. Der war von ihren Großeltern aus der Türkei gewesen. Ayshe hat sich riesig gefreut. Das war im Sommer.

Jetzt war es kalt geworden. Ayshe fror oft. In ihrer Heimat war es viel wärmer. Sie musste sich an vieles gewöhnen, was hier anders war. Die Menschen benahmen sich anders, hatten andere Sitten und Bräuche als in dem kleinen türkischen Dorf, aus dem sie stammte. Dort kannte sie jeden. Aber hier in der großen fremden Stadt wusste sie nicht einmal, wie die Leute im Haus gegenüber hießen. Sie hatten es immer eilig und liefen meist grußlos vorbei. Der Postbote war eine Ausnahme. Er war immer nett und freundlich.

„Vielleicht hab ich bald ein Weihnachtspäckchen für dich", sagte der Postbote im Dezember, als er sein Rad im Schnee ein Stück neben ihr herschob.

„Das wäre schön", sagte Ayshe. „Ich habe noch nie ein Weihnachtspäckchen bekommen."

„Heute ist leider wieder nichts für dich dabei. Ich werde mal mit dem Nikolaus reden", versprach der Postbote am nächsten

22

Tag. Aber auch am Nikolaustag war kein Päckchen für Ayshe im Postsack.

„Das verstehe ich nicht", sagte der Postbote. „Wo der alte Herr doch sogar aus der Türkei stammt. Wenn mich nicht alles täuscht, dann ist der Heilige Nikolaus in Myrna in der Türkei geboren."

„Das hab ich gar nicht gewusst", sagte Ayshe.

Sie freute sich jedes Mal, wenn sie den Mann mit der blauen Mütze traf. Denn wenn er auch kein Päckchen für sie brachte, so unterhielt sie sich gern mit ihm.

„Heute habe ich viel zu schleppen. Ich muss nämlich dem Weihnachtsmann helfen", sagte der Postbote. „Im Dezember werden alle Postboten als Hilfsweihnachtsmänner eingesetzt." Es war Mitte Dezember und die Packtaschen an seinem Rad waren voll gepackt bis oben hin.

„Der Weihnachtsmann? Wie ist das eigentlich mit dem Weihnachtsmann? Hast du schon einen echten gesehen? Wie sieht er wirklich aus?", fragte Ayshe.

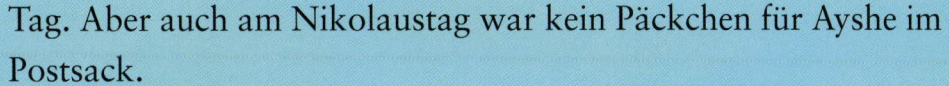

„Was? Das weißt du nicht? Das weiß doch jedes Kind! Er hat einen weißen Bart, ungefähr so wie ich, und trägt als Dienstkleidung einen roten Mantel."

„In unserer Familie wird Weihnachten nicht gefeiert", sagte Ayshe.

„Siehst du, und das hab ich nicht gewusst", sagte der Postbote.

„Weihnachten ist ein christliches Fest und wir sind Moslems", erklärte Ayshe.

„Tja, das ist vermutlich auch der Grund, wieso kein Weihnachtspäckchen für dich kommt", sagte der Postbote nachdenklich.

„Kannst du nicht trotzdem dem Weihnachtsmann sagen, dass ich jetzt hier wohne und dass er mich nicht vergessen soll? Zu meinen deutschen Freundinnen kommt er doch auch."

„Nun, er ist ein viel beschäftigter Mann und hat alle Hände voll zu tun mit den Wunschzetteln, die er schon hat", sagte der Postbote. „Aber ich will es versuchen."

Auf dem Heimweg blieb der Postbote vor dem Laden mit den Süßigkeiten stehen. Und dann vor dem Spielwarenladen. Er wüsste schon, was man der kleinen Ayshe schenken könnte. Dann rechnete er. Wenn er sich bis Weihnachten keine Zigaretten kaufen würde, sondern …

Als er am nächsten Tag wieder an Ayshes Haus vorbeikam, rief er: „Schönen Gruß vom Weihnachtsmann. Er hat sich deine Adresse aufgeschrieben!"

„Wirklich?", rief Ayshe. „Vielen Dank!" Und am nächsten Tag schenkte sie dem Postboten ein Bild, auf dem sie den Weihnachtsmann gemalt hatte, so wie sie sich ihn vorstellte. Er sah tatsächlich ein bisschen wie der Briefträger aus.

24

„Ayshe, du bist verrückt. Es gibt gar keinen richtigen Weihnachtsmann", sagte ihr Bruder. „Man muss sich alles selbst kaufen. Man kriegt nichts geschenkt."

Da war Ayshe sehr traurig. Ob sie der nette Postbote angelogen hatte?

Dann kam der 24. Dezember. Die allerletzten Pakete und Päckchen wurden am Postamt an die Zusteller verteilt.

Für Ayshe war nichts dabei. Da radelte der Postbote an seiner Wohnung vorbei und holte das Päckchen, das er vorbereitet hatte.

Er klingelte zweimal an Ayshes Wohnungstür und rief: „Weihnachtspost für Ayshe!"

„Für mich?", rief Ayshe und drückte das Päckchen an sich. „Danke. Vielen Dank!"

„Direkt vom Weihnachtsmann",

sagte der Postbote und dann radelte er schnell weiter. Es war noch viel zu tun.

Als er nach den Feiertagen wieder an Ayshes Haus vorbeikam, wartete sie schon auf der Straße und sagte: „Kannst du mir helfen? Ich habe einen Brief an den Weihnachtsmann geschrieben und weiß seine Adresse nicht."

„Gib mir den Brief nur mit", sagte der Briefträger. „Ich will schon dafür sorgen, dass er an die richtige Adresse kommt. Das ist schließlich mein Beruf."

für den
Weihnachtsmann von
Ayshe

7 Der Stern von Knetlehem

Tina, Nils und Niki sitzen auf der Eckbank um den großen Küchentisch und basteln Weihnachtssterne. Im Dezember ist es um fünf schon immer stockfinster. Da mag keiner mehr draußen sein. Dafür ist es in der Küche warm und gemütlich. Die Mutter wiegt die Zutaten für die Zimtsterne ab.

„Wisst ihr eigentlich, warum man an Weihnachten Sterne bäckt und bastelt?", fragt sie plötzlich.

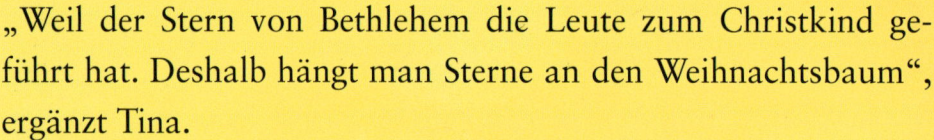

„Weil man da an den Stern von Bethlehem denkt", sagt Nils. Er ist schon zehn und sie haben in der Schule ausführlich über die Weihnachtsgeschichte gesprochen.

„Weil der Stern von Bethlehem die Leute zum Christkind geführt hat. Deshalb hängt man Sterne an den Weihnachtsbaum", ergänzt Tina.

„Man kann auch an Sterntaler denken", sagt Niki. Er ist erst fünf. Die Geschichte von dem armen Mädchen im Schnee hat ihn sehr beeindruckt.

„Ach, Niki! Du hast keine Ahnung von garnix", sagt Tina. Sie ist nur zwei Jahre älter als Niki, aber kommt sich sieben Jahre gescheiter vor. „Ich will einen großen Stern für die Christbaumspitze machen." Sie sichert sich das Goldpapier.

„Ich mache einen Strohstern. Das ist am schwersten", sagt Nils.

„Ich mache einen Stern aus Knete", sagt Niki. „Knete ist viel schwerer als Stroh und Goldpapier."

Da hat er recht. Außerdem knetet er für sein Leben gern.

Tina zeichnet ihren Stern vor und schneidet ihn dann aus.

Er hat fünf Zacken und einen goldenen Schweif. Nils bastelt mit viel Geduld einen großen Strohstern mit 32 Strahlen.

Nikis Stern verändert sich ständig. Er hat die goldgelbe Knete schon mehrfach ausgerollt. Aber die Zacken werden immer krumm und schief.

„Versuch es mit einer Plätzchenform", rät die Mutter. Sie holt den Sternausstecher aus dem Küchenschrank. Niki rollt die Knete noch mal aus. Dann sticht er den Stern aus.

„Der richtige Stern von Bethlehem hat einen Schweif. So wie meiner", sagt Tina.

Da rollt Niki die Knete noch mal aus. Er drückt das Förmchen nur ganz leicht auf. Dort, wo der sechste Zacken ist, macht er mit dem Knetmesser für den Stern einen Schweif.

„Jetzt sieht er toll aus!", sagt Tina.

„Aber meiner kommt an die Christbaumspitze!", sagt Nils. Der ist am größten."

„Meiner ist am schönsten", sagt Tina. „Er sieht wie der richtige Stern von Bethlehem aus."

„Nein, meiner!", sagt Niki und versucht den Stern mit dem Messer von der Tischplatte abzulösen. Da geht er kaputt.

„Blöder Stern!", schimpft Niki. Ganz wütend ist er. Seine Augen funkeln vor Zorn.

„Das ist allerhöchstens der Stern von Knetlehem", spottet Nils mit einem verächtlichen Blick auf die gelbliche Kugel, zu der Niki den Stern in seiner Wut zusammengeballt hat.

Da heult Niki laut los.

„Aber Niki!", sagt die Mutter und nimmt ihn auf den Schoß. Sie sieht auf den gelben Knete-Kloß und sagt plötzlich: „Wisst ihr übrigens, dass Nikis Stern dem Stern von Bethlehem am aller-ähnlichsten ist?"

Erstaunt sehen Nils und Tina auf den nichtssagenden Kloß.

Niki hört auf zu heulen.

„Der Stern von Knetlehem?", fragt Nils ungläubig.

„Genau der", sagt die Mutter.

„Das versteh ich nicht", sagt Tina.

„In Wirklichkeit sind alle Sterne so rund wie Nikis Knödel. Sie haben weder fünf noch sechs Zacken. Sie sind so rund wie unsere Sonne, die auch ein Stern ist."

„Ach, so meinst du das", sagt Tina.

„Kein Stern hat wirklich Zacken. Die Zacken der gemalten Sterne sollen nur das Strahlen, Funkeln und Leuchten an-deuten", erklärt die Mutter.

„Da hast du recht. Das hab ich mir noch nie überlegt", sagt Nils.

„Jetzt mach ich nur noch Knödelsterne. Das ist viel einfacher", brummt Tina.

„Aber nicht so hübsch", sagt die Mutter.

„Und ich bin der Erfinder vom echtigen Weihnachtsstern!", sagt Niki stolz.

8 Das Weihnachtsmärchen

Kerstin freute sich immer, wenn die Eltern abends weggingen. Dann kam nämlich Anna. Kerstin mochte Anna sehr. Sie wohnte im Haus schräg gegenüber, war ungefähr 24 Jahre alt und studierte. Sie wollte Schauspielerin werden. Vielleicht konnte sie deshalb so gut Geschichten erzählen? Wenn sie die Stimmen eines Räubers oder eines Löwen nachmachte, dann dachte man, sie wären wirklich im Zimmer. Außerdem kannte Anna viele Rätsel und Spiele. Mit Anna war es nie langweilig. Sie wusste, was Spaß machte. Schließlich hatte sie selbst drei kleinere Geschwister.

„Stell dir vor", berichtete Anna eines Tages aufgeregt, „ich habe eine Rolle am Stadttheater bekommen. Ich darf die Goldmarie im Weihnachtsmärchen spielen!"

„Goldmarie und Pechmarie! Mein Lieblingsmärchen", freute sich Kerstin.

„Deshalb haben wir es ja auch ausgesucht", behauptete Anna. „Und rate mal, was ich für dich in meiner Jackentasche habe!"

„Keine Ahnung", sagte Kerstin. „Gummibärchen?"

„Falsch geraten." Anna griff umständlich in die Tasche und holte zwei gelbe Scheine heraus.

„Das sind – Theaterkarten!", rief Kerstin.

„Zwei Karten für die erste Aufführung!", sagte Anna. Da fiel ihr Kerstin um den Hals.

„Oh, ist das toll. Ich freue mich so. Ich glaube, ich bin fast so aufgeregt, als wenn ich selbst die Rolle spielen müsste."

Kerstin ist noch nie im richtigen Theater gewesen. Im Kasperletheater schon, aber das war etwas ganz anderes! Da spielten Puppen und keine lebendigen Leute. So war es kein Wunder, dass sie wirklich ganz aufgeregt war, als sie mit ihrer Mutter am 12. Dezember zum Stadttheater fuhr. Sie hatte ihr bestes Kleid an und die Lackschuhe, die zwar hübsch waren, aber schon ein wenig drückten. Als sie das Theater betrat, kam es ihr vor, als sei es ein Märchenschloss. Der Boden war mit rotem Teppich ausgelegt, die Treppen waren aus Marmor, die Wände und Decken waren mit weißem Stuck verziert, der teilweise vergoldet war. Dort, wo man den Mantel abgeben musste, waren hohe Säulen mit großen Spiegeln. Die Lampen an der Decke und an den Wänden waren aus lauter geschliffenen Glasstückchen zusammengesetzt. Kerstin hatte noch nie so ein schönes Haus gesehen! Alle anderen Kinder drängten genauso ungeduldig in den Zuschauerraum wie sie. Die Stuhlreihen füllten sich schnell. Alle redeten aufgeregt durcheinander. Als Kerstin auf ihrem Platz in der siebten Reihe saß, der mit rotem Samt gepolstert war, wanderte ihr Blick nach oben. Direkt über ihr hing ein riesiger Kristallleuchter. In dem brannten bestimmt hundert Glühbirnen. Oder tausend.

Hoffentlich fällt er nicht herunter!, dachte Kerstin.

Da klingelte es. Erst einmal, dann zweimal, dann dreimal.

Das Licht wurde langsam dunkler und erlosch schließlich ganz. Jetzt waren alle mucksmäuschenstill.

Kerstin fasste im Dunkeln nach der Hand ihrer Mutter.

Es erklang leise Musik. Der Vorhang ging auf. Man sah ein Haus und davor einen Brunnen. Auf dem Brunnen saß die Marie und spann. Und die Marie – das war Anna! Sie sah noch viel schöner aus als sonst. Kerstins Herz klopfte bis zum Hals vor Aufregung. Anna spann und sang ein Lied.

Hoffentlich sticht sie sich nicht an der Spindel, dachte Kerstin.

Aber natürlich stach sich Anna an der Spindel. Und dann ließ sie die Spindel in den Brunnen fallen, als sie das Blut abwaschen wollte. Kerstin war schrecklich aufgeregt. So, wie wenn man träumt und es passiert etwas Schlimmes und man kann nicht weglaufen. Sie wusste, es würde gleich etwas Furchtbares passieren, und dann passierte es auch. Anna weinte.

Die Tür ging auf und die böse Stiefmutter kam heraus und schimpfte: „Hast du die Spule hinunterfallen lassen, du dummes Ding? So spring in den Brunnen und hol sie schnellstens wieder herauf!" Und die Schwester von Marie stand daneben und lachte schadenfroh.

Gleich wird alles gut, beruhigte sich Kerstin. Gleich wird sie auf der wunderschönen Wiese mit den tausend Blumen aufwachen und bei Frau Holle sein. Sie wird den Apfelbaum schütteln, das heiße Brot aus dem Ofen holen und die Betten schütteln, dass es schneit auf der Welt. Dann wird sie durch das große Tor gehen und zum Lohn für ihre Arbeit die Goldmarie sein! Ob wohl echtes

Gold aus dem Tor regnen wird? Wie schön die Goldmarie hinterher wird! Aber so weit war es noch nicht! Anna, oder vielmehr Marie, ging zum Brunnen, um sich hineinzustürzen . . .

Da wurde es Kerstin vor Aufregung selber schwarz vor Augen.

Sie wachte erst wieder auf, als sie draußen vor dem Theater war. Die Mutter hatte sie auf dem Arm und streichelte ihr Haar.

Eine Krankenschwester stand daneben und sagte: „Kein Wunder, dass da ein Kind ohnmächtig wird. Die Luft ist viel zu schlecht in dem alten Theater."

„Ich will die Goldmarie sehen!", sagte Kerstin.

„Sie sollten erst ein bisschen an der frischen Luft spazieren gehen!", sagte die Krankenschwester. Und das taten sie auch.

Als sie wieder in das Theater zurückkamen, sprang gerade die Pechmarie in den Brunnen . . .

Als Anna nach der Vorstellung zu ihnen kam und fragte: „Na, wie hat es dir gefallen, Kerstin?", sagte Kerstin: „Sehr gut!"

„Zu gut", sagte ihre Mutter. „Sie hat die Geschichte so miterlebt, dass sie statt der Goldmarie die Besinnung verloren hat!"

Und dann erzählte sie, was passiert war.

„Das Schönste habe ich nicht gesehen: die richtige Goldmarie", sagte Kerstin traurig. „Es war fast so, als sei ich selbst in den Brunnen gefallen!"

„Ja, du hast Pech gehabt – wie die Pechmarie!", sagte die Mutter.

„Wenn es weiter nichts ist", sagte Anna vergnügt. „Weißt du was, ich besuche dich morgen. Dann bringe ich mein goldenes Kleid mit und spiele die Szene noch einmal – für dich ganz allein!"

9 Die Nussknacker-Weisheit

Das Kind:
Nussknacker, du machst so ein grimmiges Gesicht,
sag, schmecken dir meine Nüsse nicht?
Es sind doch wirklich ganz köstliche Dinger.

Der Nussknacker:
Schweig still! Sonst beiß ich dich gleich in den Finger.
Immer nur knacken und nie was probieren,
da muss man doch den Humor verlieren!

Das Kind:
Noch eine Nuss, ja, so mag ich es gern,
hart ist die Schale und süß ist der Kern!

Doch unser Nussknacker knirscht mit den Zähnen
oder ist es ermüdetes Gähnen?
Mit breitem Grinsen beißt er zum Schluss
auf eine staubige taube Nuss!
Dann lacht der Mann mit dem hölzernen Mund
und tut uns die Nussknacker-Weisheit kund:
dass wir im Leben, so wie bei den Nüssen,
auf leere Schalen gefasst sein müssen.

10 Wenn der Christbaum brennt

Tinas Vater ist Feuerwehrmann und Tina will Feuerwehrfrau werden, wenn sie groß ist. Im November hat Tinas ganze Klasse die Feuerwehrzentrale besichtigt. Die Mädchen und Jungen durften in die Feuerwehrautos klettern, die Schläuche aufrollen, auf dem Sprungnetz herumhüpfen und eine hohe Leiter hinaufklettern. Am meisten Spaß machte es, Alarm zu spielen und in Höchstgeschwindigkeit vom Aufenthaltsraum über die Rutschstange zu den Fahrzeugen hinunterzuflitzen. Tina war natürlich die schnellste. Hinterher spendierte Herr Florian für alle Kekse und Cola. Die ganze Klasse war begeistert von diesem Ausflug und Benno sagte zu Tina: „Dein Vater ist toll!"

Da war Tina sehr stolz auf ihren Vater.

Aber jetzt war sie sauer auf ihn. Es ging um den Christbaum. Genau gesagt, um die Christbaumkerzen. Mama wollte echte Kerzen auf dem Baum haben: „Elektrische Kerzen sind ungemütlich. Das ist etwas für Vorgärten und Warenhäuser. Nein, in meinem Wohnzimmer möchte ich echtes Kerzenlicht."

Auch Tina und ihr Bruder Theo fanden, dass Kerzen viel schöner waren. Aber Papa ließ nicht mit sich reden.

„Kommt nicht in Frage! Es gibt jedes Jahr so viele Sondereinsätze wegen Christbaumbränden. Mir ist das viel zu gefährlich. Und die Blamage, wenn ausgerechnet bei mir der Baum brennen würde!", brummte Papa.

Mama meinte, diese Furcht vor dem Feuer sei übertrieben. Und das bei einem Feuerwehrmann! Papa sollte vielleicht mal zum

Psychiater. Da gab es einen Familienkrach und Papa und Mama redeten zwei Tage nicht mehr miteinander.

Vor Weihnachten kam es zu so einer Art Versöhnung.

„Wir schmücken den Baum eben doppelt so schön, dass man die elektrischen Kerzen kaum sieht", schlug Theo vor. „Es ist nicht der erste Baum, den ich in diesem Jahr schmücke!"

Theo war sechzehn und machte eine Dekorateurlehre in einem großen Kaufhaus. Er vollbrachte wirklich ein Wunder. Er schmückte den Baum in verschiedenen Rottönen: mit roten Kugeln, roten Sternen, roten Äpfeln, roten Bändern und Ketten.

„Jetzt fehlen nur noch rote Kerzen", sagte die Mutter. „Echte!"

Aber der Vater blieb stur. Der Kerzenstreit legte sich am Weihnachtstag wie eine Wolke auf die Weihnachtsstimmung, auch wenn keiner mehr etwas dazu sagte.

Endlich war es kurz vor sechs. Alle hatten sich festlich angezogen und warteten darauf, dass um sechs die kleine Weihnachtsglocke erklang. Aber erst musste der Baum brennen.

35

Das war Papas Aufgabe.

„Wir sind fertig. Du kannst den Baum anknipsen", sagte die Mutter mit einem leicht spöttischen Unterton in der Stimme.

Als der Vater im Weihnachtszimmer den Stecker in die Dose steckte, dachte er: Komisch, irgendwie ist es tatsächlich feierlicher, wenn man die Kerzen anzündet. Aber natürlich sagte er das nicht laut.

Er legte die Platte mit Weihnachtsliedern auf den nagelneuen CD-Player. Das war eine Überraschung zum Weihnachtsfest! Dann löschte er alle Lampen aus. Nur noch die elektrischen Kerzen am Baum brannten. Er öffnete die Tür und sagte feierlich: „Ihr könnt hereinkommen!"

Die Familie trat ins Zimmer. Der Vater bückte sich, um die elektrische Eisenbahn einzuschalten, die eine neue Lok und einen neuen Trafo bekommen hatte. Eine Überraschung für Tina und Theo. Da war es auf einen Schlag stockfinster. Die Musik verstummte.

„Die Kerzen sind hin!", sagte Tina.

„Macht mal eben die Lampe an", bat Papas Stimme aus der Finsternis.

„Geht nicht. Kein Strom", sagte Tina nach einem vergeblichen Versuch.

„Ich hab irgendwo eine Kerze", sagte Mama und tastete sich in die Küche.

Papa ging mit der brennenden Kerze in den Keller. Die Sicherung war durchgebrannt. Leider war keine Ersatzsicherung im Haus.

Die letzte hatte Papa beim Austesten der Eisenbahnverbindungen durchgeschmort. Es war unmöglich, jetzt zur Zeit der Bescherung bei den Nachbarn zu klingeln und eine zu borgen.

„Ich weiß was!", sagte Tina. Sie holte ihr Geschenk für Mama. Es war ein Päckchen mit echten, nicht tropfenden Bienenwachskerzen. Und dazu einen Wassersprüher, so wie man ihn zum Einsprengen der Wäsche braucht. „Der ist zum Löschen", sagte Tina und zwinkerte mit dem linken Auge.

„Danke", sagte Mama und umarmte sie lachend.

Mama steckte die Kerzen auf den Baum. Papa zündete sie an.

Dann sangen alle Weihnachtslieder. Es klang nicht so schön wie von der CD, aber es war viel stimmungsvoller.

Es wurde eine wunderschöne Bescherung bei Kerzenlicht. Es gab zwar hinterher auch kein warmes Essen, weil der Herd nicht funktionierte. Bloß Butterbrote. Aber das störte keinen. Alle waren froh. Bis das Telefon klingelte.

„Sondereinsatz", sagte Papa. „Ein Christbaumbrand. Ich muss los!"

„Wie schade", rief Tina. „Wir haben noch mehr Kerzen gefunden. Vom letzten Jahr! Wir könnten noch lange weiterfeiern."

„Du darfst aufbleiben, bis ich zurück bin!", rief der Vater, als er schon unter der Tür stand. „Ich bringe eine Sicherung mit. Dann spielen wir alle noch mit der elektrischen Eisenbahn!"

37

11 Die schönste Krippe

Im Dezember geht Bastian besonders gern in den Kindergarten. Weil man nicht mehr so viel draußen sein kann, wird viel gesungen, gespielt und gebastelt. In der vergangenen Woche wurden Sterne ausgeschnitten und mit Transparentpapier beklebt. Jetzt hängen sie an den großen Fensterscheiben und leuchten, wenn die Wintersonne schräg hindurchscheint. Fast wie richtige Sterne, findet Bastian.

Eines Morgens sagt Frau Hille: „Heute wollen wir eine Krippe malen. Wer das schönste Bild malt, darf das nächste Fenster am Adventskalender aufmachen."

Eine Weile sitzen alle im Kreis zusammen. Frau Hille erzählt noch einmal die Geschichte von Maria und Josef. Von der Reise nach Bethlehem, von der Herbergssuche und wie es kam, dass das Jesuskind schließlich in einem Stall das Licht der Welt erblickte. Sie erzählt von den Hirten und Engeln und von den drei weisen Männern aus dem Morgenland, denen ein glänzend heller Stern den Weg zum Stall zeigte. Dann verteilt Frau Hille Papier und Buntstifte. Die meisten malen eifrig. Bloß Bastian kaut am Bleistift. Ihm fällt so viel ein, dass er nicht weiß, was er zuerst malen soll. Und bei manchen Sachen weiß er auch nicht, wie er sie malen soll.

Zum Beispiel: Was haben Maria und Josef an? Er kann doch Josef nicht wie Papa anziehen, mit T-Shirt und Jeans. Vielleicht hatte er einen blauen Overall an? Er war ja Zimmermann. Und hat Maria wirklich einen weiten, langen Umhang angehabt oder einen engen, kurzen Rock, wie Tante Maria? Oder eine lange Hose und Stiefel, wie Mama, wenn es kalt ist? Oder einen bunten Pulli mit Figuren drauf, wie Frau Hille? Und die Tiere. Bastian weiß immer nicht, wo genau die Beine angewachsen sind und wo er mit dem Hals anfangen soll. Er versucht, den Ochsen zu malen, aber er sieht wie ein Hund aus. Bastian beschließt, das Einfachste zuerst zu malen. Das Haus. Er malt zwei Seitenteile und ein Dach. Das macht der Markus neben ihm auch so. Und der malt toll. Seine Bilder werden immer an die Wand gehängt. Meine Bilder nie, denkt Bastian. Aber heute wird sein Bild besonders schön. Das spürt er. Bastian sieht in sich drinnen schon genau, wie es aussehen wird. Als Nächstes malt er die Nacht. Tintenblau verteilt er sie um das Haus herum. Er lässt nur einen kleinen Fleck frei. Da soll der gelbe Stern hin. Die Nacht ist sehr wichtig, überlegt Bastian. Denn wenn es nicht dunkle Nacht gewesen wäre, dann hätten die Hirten und die drei Weisen den Stern nicht sehen können und sich ganz schön verlaufen. Zufrieden betrachtet Bastian sein Bild. Im Stall ist noch nicht viel zu sehen, außer dem Ochsenhund. Bastian grübelt. Waren nur ein Ochs und ein Esel im Stall? Vielleicht waren da auch Hühner und

Enten und Schweine? Und Spinnen gab es bestimmt auch. Und Käfer und Ameisen.

Bastian sieht hinüber zu Markus. Der hat seine Krippe schon ganz voll gemalt, mit Ochs und Esel, Schafen, Hirten, Maria, Josef und dem Christkind. Auch die anderen sind schon fast fertig. Sie haben einfach drauflosgemalt. Keiner hat so viel nachgedacht wie Bastian. Maren gibt ihr Bild schon Frau Hille. Auch Ines ist schon fast fertig. Bastian sieht auf die Malerei seiner Nachbarn und plötzlich fällt ihm etwas auf. Alle haben die Krippe vorne offen gemalt. Ganz ohne Wand. Das ist falsch, findet Bastian. Kein Mensch lässt ein Baby im Dezember mitten in der Nacht im Freien herumliegen. Da erkältet es sich bloß. Na ja, vielleicht ist es im Heiligen Land ein bisschen wärmer. Aber selbst dann wäre es gefährlich. Da kämen dann die Mücken und die Nachtfalter, weil Josef die Stalllaterne angezündet hat. Außerdem würden die großen Tiere weglaufen. Das alles überlegt Bastian.
Und überhaupt: Da sind schließlich die kostbaren Geschenke, die die drei Könige mitgebracht haben. Wie leicht könnten Räuber kommen und alles stehlen, wenn die Krippe sperrangelweit offen ist wie bei Markus und den anderen!

Jetzt weiß Bastian, wie er seine Krippe malen wird. Er nimmt einen braunen Stift und malt eine Bretterwand vor den Ochsenhund. Jetzt kann nichts mehr passieren. Jetzt ist der Stall geschlossen. Die Räuber können nicht rein und die Tiere nicht raus. Natürlich malt er noch eine Tür in die Wand, damit man hineinkann, um das Jesuskind zu besuchen.

„Warum hast du denn nur so wenig gemalt, Bastian?", erkundigt sich Frau Hille verwundert und schaut auf das Gemälde in Braun und Blau, auf dem nur der Stern leuchtet und sonst nichts.

„Ich hab ganz viel gemalt!", sagt Bastian. „Es ist hinter der Wand versteckt. Maria und Josef, Hühner und Enten, Ochs und Esel, die Könige und die Hirten. Und das Kind mit einer warmen Decke. Und die Tür ist zu, weil es sicherer ist. Damit die Räuber und Mücken und Ameisen nicht reinkommen."

„Das ist toll, was du dir alles ausgedacht hast", sagt Frau Hille erstaunt. Und dann darf Bastian sein Bild an die Wand hängen und allen seine Geschichte erzählen.

„Das ist ja ein Geschichtenbild und kein Malbild", findet Markus.

„Aber es ist ein ziemlich gescheites Bild, finde ich!", sagt Maren.

„Und wer darf das Türchen am Adventskalender aufmachen?", fragt Markus.

„Bastian!", ruft Maren.

Da kriegt Bastian einen roten Kopf. Weil ausgerechnet Maren den Vorschlag gemacht hat. Die mag er nämlich. Und jetzt erst recht.

12 Der Tauschladen

Robert und Daniel waren zwei Lausbuben, denen immer etwas einfiel. Meistens fiel ihnen viel zu viel ein. Schlimm war es, wenn jedem etwas anderes einfiel. Dann fingen die beiden Brüder an zu streiten. Am heftigsten zankten sie, wenn beide dieselbe Sache haben wollten. Den Baukran zum Beispiel, den Fußball oder den Bleistiftanspitzer. Einmal kam es wegen so einer Sache sogar zur Prügelei: Daniel wollte unbedingt die leere Schuhschachtel für seine Buntstifte haben. Robert wollte daraus eine Garage bauen. Robert verteidigte die Schachtel, als sei sie der kostbarste Schatz der Welt. Daniel trat zuerst die Schachtel und dann Robert mit dem Fuß. Robert, der stärker war, schubste Daniel in die Kiste mit den Bauklötzen. Daniel verlor das Gleichgewicht und seinen Turnschuh. Er fischte ihn unter dem Schrank hervor und schlug voller Wut Robert damit auf den Kopf. Robert tobte. Er sah rot. Er packte Daniel an den Haaren, nahm das Feuerwehrauto und …

In diesem Augenblick kam der Vater zur Tür herein.

„Was ist denn hier los?", rief er. „Hört ihr sofort auf! Das sieht ja nach Mord und Totschlag aus. Willst du wohl den Kleinen loslassen? Schämst du dich nicht, Robert? Ich dachte, du wärst vernünftiger."

„Daniel hat angefangen", rief Robert empört.

„Robert hat mich mit dem Schuh auf den Kopf geschlagen", brüllte Daniel. Er hielt ein Büschel von Roberts dunklen Haaren in der Hand.

„Du lügst!", schrie Robert. „Alter, doofer, blöder Stinkbruder!" Er wollte erneut auf ihn losrennen. Nur mit Mühe konnte der Vater die beiden Streithähne trennen. Er schickte jeden in eine Ecke des Kinderzimmers, stellte sich wie ein Ringrichter in die Mitte und sagte: „Schluss jetzt! Es ist mir egal, wer angefangen hat. Jetzt hört ihr jedenfalls mit dem Blödsinn auf. Wenn ihr weiterstreitet, dann, dann – ja dann gibt es nichts zu Weihnachten. Oder …", setzte der Vater mit drohender Stimme hinzu: „… wir tauschen euch beim Weihnachtsmann ein gegen zwei nette, friedliche Mädchen."

Das saß. Die Tür knallte zu. Schweigsam starrten sich Robert und Daniel an. Sie redeten an diesem Tag kein Wort mehr miteinander. Daniel ging ins Nachbarhaus zu seinem Freund zum Spielen.

Robert verzog sich in die Küche. Da war es schön. Da war keiner. Er schaltete das Radio ein. Der Rundfunksprecher meldete sich mit freundlicher Stimme. Viel freundlicher als Papas Stimme! Auch die Musik fand Robert gut. Seine Stimmung besserte sich. Im Kinderprogramm kam vor Weihnachten eine beliebte Sendung. Sie hieß: „Der Tauschladen". Da konnten Kinder Sachen, die sie nicht mehr brauchen konnten, gegen Dinge eintauschen, die sie unbedingt haben wollten. Robert hörte eine Weile zu. Dann wurde er nachdenklich. Und dann ging er zum Telefon.

Am vierten Adventssonntag war dieser Streit längst vergessen.

Die ganze Familie saß gemütlich um den Kaffeetisch. Der Adventskranz brannte. Der Vater schenkte Tee ein. Die Mutter holte die frisch gebackenen Weihnachtsplätzchen aus dem Schrank.

„Schalt mal ein, ich glaub, im Radio ist jetzt Weihnachtsmusik!", sagte die Mutter. Aber das war ein Irrtum. Es lief die Sendung „Der Tauschladen". Der Sprecher sagte gerade: „Und nun haben wir einen ganz ungewöhnlichen Tauschwunsch. Er kommt von dem zehnjährigen Robert Philip aus Mannheim. Robert möchte gern seinen achtjährigen Bruder Daniel gegen eine Eisenbahn eintauschen." Und dann nannte der Sprecher die Nummer, unter der die Tauschwilligen den Rundfunksender anrufen sollten. Die Nummer hörte keiner mehr. Vater und Mutter sahen sich entsetzt an.

„Robert, hast du??? Wirklich???", fragte die Mutter schließlich. Robert nickte.

„Es tut mir jetzt leid", sagte er zerknirscht. „Aber als ich letzte Woche dort angerufen hab, da dachte ich, ich halt es einfach mit Daniel nicht mehr aus."

„Aber Robert, war es denn so schlimm?", fragte die Mutter und nahm ihn in den Arm.

„Manchmal schon. Und immer haltet ihr zu ihm, weil er der Kleine ist. Dabei kann er ganz schön gemein sein", sagte Robert.

Daniel saß schweigend auf der anderen Seite des Tisches und schob aus Verlegenheit zwei Kekse auf einmal in den Mund.

„Manchmal lügt er auch, damit ich geschimpft werde. Er hat mich mit dem Schuh geschlagen. Nicht ich ihn."

„Stimmt das, Daniel?", fragte der Vater. Daniel nickte.

„Aber deswegen tauscht man doch nicht gleich den Bruder gegen eine Eisenbahn", sagte die Mutter und es klang schon etwas versöhnlich, als sie das sagte.

„Aber der Papa hat auch gesagt, dass er uns gegen zwei Mädchen eintauscht", verteidigte sich Robert.

„Stimmt", sagte Daniel. „Das war gemein."

„Kinder, das war doch gar nicht so gemeint", sagte der Vater verlegen. „Ich war nur so wütend auf euch!"

„Ich hab es auch nicht so gemeint. Und ich war auch wütend", sagte Robert.

Eine Weile sagte keiner etwas. Daniel drehte eine Wurst aus seiner Papierserviette und sagte leise: „Ich, ich – will ab jetzt ganz lieb sein zum Robert. Behaltet ihr mich dann?"

Da sah Robert seinen kleinen Bruder an und sagte: „Tut mir leid, Dany. Wirklich. Und wenn einer anruft: Ich tausche nicht."

„Versprochen?", sagte Daniel.

„Versprochen", sagte Robert.

Glücklicherweise hat niemand angerufen, der eine Eisenbahn übrig hatte oder der den kleinen Daniel haben wollte. Und der Vater hat erzählt, dass die beiden von da an viel netter miteinander umgingen. Bis Weihnachten wenigstens.

13 Auf dem Christkindlmarkt

„Jo, bitte, bitte, bitte, kommst du mit?", bettelt Mia.

„Wohin?", fragt Jo.

„Zum Christkindlmarkt. Keiner hat heute Zeit und ich möchte sooo gern hin."

„Ich wollte sowieso in die Stadt, um ein Weihnachtsgeschenk zu besorgen", sagt Jo zu seiner kleinen Schwester. „Am besten gehen wir gleich."

„Jippie!", ruft Mia, und sie kann es kaum erwarten, bis Jo endlich fertig ist.

Auf dem Hauptmarkt in Nürnberg ist der berühmte Christkindlmarkt mit seinen vielen Buden aufgebaut, wie jedes Jahr. Als die beiden von der U-Bahn-Haltestelle an der Lorenzkirche zum Markt hinunterlaufen, duftet es nach gebrannten Mandeln.

„Man kann sich richtig hinriechen. Auch wenn man den Weg nicht weiß", sagt Mia und schnuppert mit ihrer kleinen Stupsnase.

„Trotzdem, gib mir die Hand", sagt Jo zu Mia, „sonst verliere ich dich noch im Gedränge."

„Mich doch nicht", sagt Mia, „ich pass schon auf! Ich bin doch fast fünf!"

An einem Haus neben der Frauenkirche bleiben Mia und Jo eine Weile stehen. Ein Bäcker zeigt im Schaufenster, wie man Lebkuchen macht.

Dann gehen sie weiter. Auf dem Markt selbst sind viele Buden mit Baumschmuck und Spielsachen. Aber es gibt auch handgestrickte Pullover und Mützen.

„Wir kaufen heiße Maroni", schlägt Jo vor. „Da kann man sich so schön die Hände dran wärmen."

„Ein richtiger Handofen", sagt Mia, als sie je eine Marone in ihre Wollhandschuhe steckt. Und dann bleibt Mia vor einer kleinen Stoffpuppe stehen. „Ist die schön!", sagt sie und möchte am liebsten nicht weitergehen.

„Wir brauchen noch ein Geschenk für Mama!", sagt Jo und drängt zum Weitergehen. Sie suchen und wägen ab. Schließlich entscheiden sie sich für eine Spieluhr aus Holz. Sie ist nicht viel größer als eine Streichholzschachtel. Wenn man an einer kleinen Kurbel dreht, spielt sie ein Weihnachtslied.

Auf einmal erklingt Musik. Eine Musikkapelle mit Posaunen hat sich auf der Holzbühne vor der Frauenkirche aufgestellt. Sie spielen Weihnachtslieder. Die meisten erkennt Mia an der Melodie. Aber es gibt noch mehr zu sehen. Eine Postkutsche hält gleich daneben. Große Leute und ein paar Kinder steigen aus. Neue Leute steigen ein. Die Pferde schnauben ungeduldig. Der warme Atem steigt in kleinen Dampfwolken aus ihren Nüstern.

„Richtige Dampfrösser", sagt Jo.

„Da möchte ich gern mitfahren!", sagt Mia.

„Viel zu teuer", brummt Jo.

„Dann will ich jetzt die große Krippe sehen!", bettelt Mia und zieht Jo zu dem runden offenen Haus mit dem Strohdach, das hinter einem Zaun in der Mitte des Marktes steht. Es ist gar nicht so leicht hinzukommen, weil sich die Menschen in dicken Trauben durch die engen Budenstraßen zwängen. Aber endlich haben sie es geschafft.

Mia hält sich am Zaun fest und schaut. Da sind die Hirten, die Schafe, der Ochs und der Esel im Stall. Und in der Mitte Maria und Josef und das Christkind in der Krippe.

„Schön", sagt Mia. „Schau mal, die Laterne von Josef brennt wirklich." Dann geht sie ein Stück um das Krippenhaus herum.

„Da hinten kommen die drei Könige mit ihren Kamelen und den Geschenken!", ruft Mia. „Das Christkind wird sich freuen."

„Es ist noch zu klein zum Freuen", meint Jo.

„Aber Maria und Josef freuen sich."

„Bestimmt", nickt Jo. Er überlegt dauernd, wie er für einen Augenblick verschwinden und das Weihnachtsgeschenk für Mia besorgen kann, ohne dass sie es merkt.

„Weißt du, dass du eigentlich auch Maria heißt? Mia ist die Abkürzung von Maria", sagt Jo.

„Und Jo die Abkürzung von Josef!"

„Neee", sagt Jo lachend, „das ist die Abkürzung von Johannes."

„Schade", sagt Mia. „Ich hätte es schön gefunden, wenn wir Maria und Josef heißen würden."

„Ich glaube, das Kamel hat sich ein bisschen bewegt", sagt Jo. „Es geht nämlich jeden Tag ein bisschen mehr auf die Krippe zu. Bis es ganz da ist."

„Wirklich?", staunt Mia. Sie glaubt dem großen Bruder jedes Wort.

„Bestimmt", schwindelt Jo. „Möchtest du ein bisschen gucken?"

„Au ja", sagt Mia.

„Dann seh ich mich noch ein bisschen alleine um. In zehn Minuten bin ich wieder da."

„Fein", sagt Mia.

„Aber lauf nicht weg! Und gib gut auf das Kamel acht!", sagt Jo eindringlich.

Mia verspricht es. Aber Mia weiß noch nicht, wie lange zehn Minuten sind. Wenn man alleine ist, kommen einem drei Minuten schon sehr, sehr lang vor. Das Kamel hat sich noch kein bisschen bewegt, so genau sie auch hinsieht. Als fünf Minuten um sind, fängt Mia an zu weinen. Wenn Jo sie nun nicht wiederfindet hier in dem Gewühl? Ob er sie vergessen hat?

Eine Frau wird auf Mia aufmerksam. „Suchst du deine Eltern?" Mia schüttelt den Kopf.

„Bist du ganz alleine hier?" Mia schüttelt wieder den Kopf.

„Wie heißt du denn?"

„Mia", sagt Mia, „fast wie Maria im Stall. Und ich warte auf Jo. Aber nicht den abgekürzten Josef. Nur den Jo, meinen Bruder. Er ist schon elf."

„Maria sucht Josef", sagt die Frau und lächelt. „Bestimmt kommt er gleich wieder. Ich bleibe so lange bei dir."

Jetzt ist Mia froh. Die Frau erzählt, dass sie auch Kinder hat. Und dass sie auch schon mal verloren gegangen ist. Und dass es wichtig ist, dass man nicht wegläuft, sondern wartet, damit man gefunden werden kann. Endlich kommt Jo zurück.

„Du solltest deine kleine Schwester nicht so lange allein lassen!", sagt die Frau vorwurfsvoll.

„Ich war nur ein paar Minuten weg", beteuert Jo und schiebt rasch ein Päckchen unter seine Jacke.

„Ich hab gedacht, du hast mich vergessen!" Mia schluchzt noch einmal tief und greift erleichtert nach Jos Hand.

„Aber Mia! Ich vergess dich doch nicht!", sagt Jo und legt seinen Arm um ihre Schultern.

„Was hast du da?", fragt Mia, als es in Jos Jacke raschelt.

„Das wird nicht verraten", sagt Jo. „Das ist eine Weihnachts-überraschung!"

Da ist der Kummer fast vergessen.

Mia möchte unbedingt wissen, was in dem Päckchen ist.

Aber Jo verrät kein Sterbenswörtchen.

14 Auf dem Teich

In der Vorweihnachtszeit gibt es nicht nur Freude, sondern auch Traurigkeit. Merles Eltern müssen am dritten Adventssonntag zu einer Beerdigung. Ein Nachbar ist gestorben. Merle bleibt zu Hause. Sie darf Jens und Klara, die beiden Nachbarskinder, zum Spielen holen. „Bis vier Uhr sind wir zurück", sagt die Mutter. Kaum sind die Eltern aus dem Haus, klingelt es draußen. Fröhliches Lachen erklingt im Treppenhaus. Schlittschuhe klirren. Es sind Paul und Elli aus dem Haus schräg gegenüber.

„Wir gehen zum Teich im Stadtpark. Er ist ganz fest zugefroren. Kommt ihr mit?", ruft Paul.

„Ich weiß nicht recht. Meine Eltern sind nicht da. Ich spiele gerade mit Jens und Klara …", sagt Merle zögernd.

„Los! Kommt doch alle mit. Frische Luft ist gesund!", sagt Elli. „Letzte Woche waren wir doch auch dort und da hatten deine Eltern auch nichts dagegen!"

„Als unsere Eltern fortgegangen sind, konnten sie nicht ahnen, dass jetzt die Sonne so schön scheint", meint Klara.

Und der kleine Jens sagt: „Slittsuhfahren, au fein!", und läuft schon hinüber zur Nachbarwohnung, um seinen Schneeanzug anzuziehen.

„Überredet", sagt Merle. „Ich werde einen Zettel hinlegen und draufschreiben, wo wir sind. Für alle Fälle." Das macht sie immer so, wenn sie weggeht und die Eltern nicht da sind.

Rasch holt sie Schlittschuhe, Pullover, Mütze, Handschuhe, dann geht es los. Zum Stadtpark ist es nicht weit. Sie spielen eine Weile Fangen. Den kleinen Jens ziehen sie immer irgendwie mit. Er stellt sich schon ganz geschickt an. Er darf auf einem von Klaras uralten Schlittschuhen herumrutschen. „Slittsuh! Slittsuh!", ruft er glücklich und hat schon ganz rote Backen. Auch Merle ist froh. Sie läuft zum ersten Mal eine Acht rückwärts und kommt genau da an, wo sie angefangen hat. Auch die anderen kreisen, laufen vorwärts, rückwärts, machen Kunststücke.

Nach einer Stunde sieht Merle auf die Uhr und sagt: „Es ist gleich vier. Ich glaube, wir sollten jetzt nach Hause gehn!"

„Noch einen Rundlauf mit Zeitstoppen!", schlägt Paul vor. Jens sitzt auf dem Schlitten. Er darf die Uhr halten. Achtung, fertig, los! Schon laufen sie um die Wette, einmal die große Runde um den See. Es ist schon ein bisschen dämmrig geworden. Die Tage sind viel zu kurz im Winter! Ganz hinten, wo der kleine Bach in den See mündet, schwimmen ein paar Enten. Das Eis wird dünner. Die Kinder bemerken es nicht.

Und dann passiert es. Ein Schrei! Paul bricht ein.

Elli rutscht zu ihm hin, versucht, ihn herauszuziehen, und bricht ebenfalls ein. Sie schreit um Hilfe.

„Geht bloß nicht näher hin!", ruft Merle aufgeregt. „Sonst brecht ihr auch ein. Klara, los! Lauf und hol Hilfe!" Jens steht am Ufer und heult. „Rühr dich nicht vom Fleck!", ruft Klara und rennt los.

„Hiiilfe!", jammert Paul und krallt sich an den Eisplatten fest, die so mürbe sind, dass sie unter seinen Fingern zerbrechen. Er versucht, sich mit eigener Kraft herauszuziehen. Aber die Schlittschuhe und die schweren nassen Kleider ziehen ihn nach unten.

„Ich hole einen Stock!", ruft Merle. Am Ufer liegen Äste, die der Sturm abgebrochen hat.

Sie schleppt eine Astgabel über das Eis und schiebt sie vorsichtig zu ihren Freunden hin. An einer Seite hält sich Paul fest, an der anderen Elli. Aber so sehr Merle auch zieht, sie kann sie nicht herausholen. Tränen laufen über Merles Gesicht. Eine Mischung aus Wut, Hilflosigkeit und Angst. In der Ferne hört sie eine angsterfüllte Stimme, die „Merle, Merle!" ruft. „Papa", ruft sie und atmet erleichtert auf.

„Bleib ganz ruhig und rühr dich nicht von der Stelle!", sagt Merles Vater. Er ist ganz außer Puste vom Rennen. Jetzt kommt auch die Mutter und endlich die Nachbarin mit Klara. Der Vater greift nach dem Ast, an dem Paul und Elli wie an einer Angel hängen.

Dann breitet er seinen Mantel auf dem Eis aus, legt sich drauf und schiebt sich langsam zu den beiden vor. Merles Mutter ist inzwischen hinter ihm und legt ihren Mantel ebenfalls aufs Eis. „Hol du das Mädchen. Ich halt den Stock!", sagt sie. Langsam schiebt sich Merles Vater von der Seite, auf der das Eis am dicksten ist, näher an das Loch heran. Er ergreift Ellis eiskalte Hände. „Stoß dich ab! Und halte dich ganz fest!", ruft er. Langsam zieht er Elli über die weiter abbröckelnde Eiskante. Endlich ist es geschafft. Auf die gleiche Weise zieht er auch Paul heraus, der ein ganzes Stück schwerer ist.

„Wie gut, dass du einen Zettel geschrieben hast", sagt Merles Mutter. „So sind wir gleich zum See gelaufen. Es war Tauwetter angesagt. Wusstet ihr das nicht?" Merle schüttelt den Kopf. Sie ist überrascht, dass die Eltern sie nicht ausschimpfen. Aber das wäre überflüssig. Man sieht Merle an, wie sehr ihr der Schreck noch in den Knochen sitzt.

„Wer weiß, was passiert wäre, wenn wir eine halbe Stunde später gekommen wären!", sagt Merles Vater zu den Eltern von Paul und Elli, als sie am nächsten Tag mit einem Blumenstrauß vorbeikommen und sich bei ihm für die Rettungsaktion bedanken.

„Wie geht es den Kindern?", erkundigt sich Merles Mutter.

„Sie haben Husten, Fieber und Schnupfen. Aber der Arzt sagt, das Schlimmste haben wir überstanden."

„Wir werden das Weihnachtsfest feiern, als sei es auch der Geburtstag unserer Kinder", sagt der Vater der beiden mit leiser Stimme. Dann streicht er Merle zum Abschied über den Kopf und sagt: „Danke!"

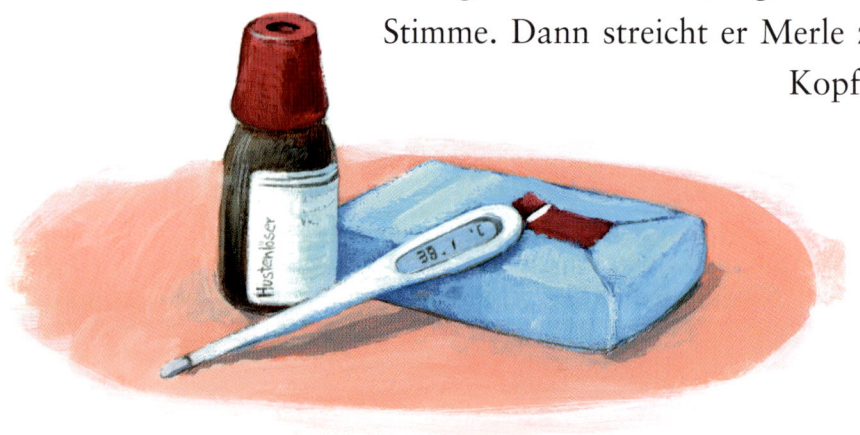

15 Das schönste Lied

Papa hat eine Gutenachtgeschichte vorgelesen, die so spannend war, dass Tobias und Annika wieder hellwach sind. Jetzt liegen sie im Bett und überlegen, was sie den Eltern zu Weihnachten schenken könnten.

„Wir können doch nicht sagen: Papa, gib uns Geld, damit wir dir was kaufen können", sagt Tobias.

„Und wenn wir Mama fragen, dann sagt sie, wir sollen etwas basteln oder malen. Und hinterher liegt es irgendwo ganz hinten im Küchenschrank herum", sagt Annika.

„Oder sie sagt, sie freut sich am meisten, wenn wir unser Zimmer aufräumen", erinnert sich Tobias.

„Aufräumen ist blöd. Das verdirbt einem die ganze Weihnachtslust", sagt Annika und knautscht das Kopfkissen energisch unter das rechte Ohr.

„Also, wir kaufen diesmal was. Ein richtiges Geschenk. Nicht so Bastelkram. Aber was?", sagt Tobias. Er dreht sich auf den Bauch und stützt den Kopf in die Hände, weil er so besser nachdenken kann.

„Ich glaube, Mama würde sich über das bunte Tuch freuen, das bei ‚Steffi-Moden' im Schaufenster liegt. Es passt gut zu ihrem braunen Mantel. Sie hat es sich gestern ganz lang angesehen", sagt Annika.

55

„Und Papa freut sich über ein lustiges Buch. Ich mag es, wenn er im Sessel sitzt und kichert", sagt Tobias.

„Das kostet mindestens zwanzig Euro", sagt Annika.

„Das doppelte", befürchtet Tobias.

„Wir haben zusammen dreizehn Euro fünfzig. Wo kriegen wir den Rest her?"

„Verdienen", sagt Tobias.

„Aber wie?", grübelt Annika.

„Denk doch an das arme Mädchen mit den Schwefelhölzchen aus der Geschichte, die Papa vorgelesen hat. Wir haben doch ganz viele Streichholzschachteln. Papa bringt sie immer als Andenken mit, wenn er auf Reisen ist. Keiner braucht sie. Die könnten wir doch verkaufen."

„Das ist blöd", sagt Annika. „Kein Mensch kauft uns Streichhölzer ab. Außerdem haben die meisten Leute ein Feuerzeug."

„Dann müssen wir spielen!", ruft Tobias und sitzt senkrecht im Bett.

„Meinst du im Lotto spielen?", erkundigt sich Annika.

„Ach Quatsch. Ich meine, Lieder spielen, Musik machen. Da sitzen immer jede Menge Leute in der Stadt in der Fußgängerzone. Neulich war da einer mit Gitarre, der hatte eine ganze Mütze voller Geldstücke."

„Hm", sagt Annika nachdenklich. „Ich kann doch erst ein paar Lieder. Vor fremden Leuten spielen? Na, ich weiß nicht …"

Seit Annika zum achten Geburtstag ihre Flöte bekommen hat, geht sie einmal in der Woche zum Unterricht. Aber in zwei Jahren wird man noch kein Weltmeister.

„Ich spiele auch nicht viel besser. Wir spielen halt immer dasselbe. Das übt. Zu zweit schaffen wir das schon", ermutigt sie der ältere Bruder.

„Wenn du meinst. Wir können es ja versuchen", murmelt Annika und gähnt. Es klingt schläfrig. Sie dreht ihre Lieblingslocke um den rechten Zeigefinger und dann ist sie schon eingeschlafen.

Die Mutter wundert sich, als sich die beiden am nächsten Tag freiwillig ganz warm anziehen, ehe sie das Haus verlassen.

„Wir gehen zu Silvia zum Flöteüben", sagt Annika.

Die Mutter ist gerührt. Am Ende wird das eine Weihnachtsüberraschung? So fragt sie nicht weiter.

Als Tobias und Annika in der Fußgängerzone ankommen, spielen schon mehrere Gruppen. Hübsch klingt die Geige mit der Klarinette, die vor der Buchhandlung spielt. Weniger hübsch die Tonbandmusik, die aus den Kaufhauslautsprechern dröhnt. Ein Cello und eine Querflöte spielen vor dem Haushaltsgeschäft.

Das klingt schön.

57

Mindestens zehn Leute bleiben stehen und hören zu.

„Sehr schön", sagt ein Mann leise. Er hat früher selbst einmal Cello gespielt. Jetzt wirft er eine Silbermünze in den Hut.

„Na siehste", sagt Tobias und knufft seine Schwester aufmunternd in die Rippen. Die beiden suchen sich eine freie Ecke. Dann packen sie die Flöten aus. Sie können die Noten kaum umblättern, weil die Hände so kalt sind.

Als sie die Flöten stimmen wollen, scheinen die Töne eingefroren. Zunächst will gar nichts gelingen. Nicht mal „Oh Tannenbaum".

Eine Frau bleibt neugierig stehen und sieht den Bemühungen der beiden Musikanten zu. Dann sagt sie zu ihrer Freundin: „Oh Gott, die armen Kinder! Sie sind ja total unmusikalisch!"

Voller Mitleid wirft sie eine Münze in das aufgestellte Körbchen.

Tobias und Annika sehen sich an. Sie haben nicht gehört, was die Frau gesagt hat. Die Münze ermutigt sie. Sie blasen schneller und lauter.

Schrill und falsch spielen sie die altbekannten Melodien. Aber seltsamerweise bleiben die Leute trotzdem stehen und werfen den „armen Kindern" Münzen ins Körbchen. Der Mann, der am Stand an der Ecke Hustenbonbons verkauft, kann es nicht mehr ertragen.

„Sagt, was spielt ihr da eigentlich?", sagt er.

„Das heißt ‚Ich steh an deiner Krippe hier' und ist von Bach", sagt Tobias stolz.

„Von Bach? Der Krach? Na ja, ach so", sagt der Mann und lächelt. Dann schenkt er den beiden eine Tüte Hustenbonbons und lässt ein Geldstück ins Körbchen gleiten.

58

„Sind die nicht niedlich? Das Mädchen sieht aus wie meine Enkeltochter. Die wohnt in Berlin und ist jetzt neun", sagt eine alte Dame zu ihrer Freundin. Sie zückt ebenfalls die Börse. Und dann kommt der Mann, dem der Laden gehört, vor dem sie spielen.

„Sehr schön macht ihr das", sagt er. „Aber wisst ihr was, ich gebe euch fünf Euro, wenn ihr den Rest des Nachmittags auf der anderen Straßenseite spielt. Da wohnt einer, den ich besonders mag."

Tobias steckt voller Freude das Geld ein. Aber auch der Mann auf der anderen Seite möchte den Kunstgenuss gern mit anderen teilen. Er gibt ihnen ebenfalls Geld, wenn sie woanders spielen. Gegen fünf wird es dunkel. Die Weihnachtsbeleuchtung wird eingeschaltet. Siebenmal haben sie jetzt ihren Standort gewechselt. Tobias zählt das Geld und sagt: „Ich glaube, es reicht längst. Für das Buch und das Tuch!"

„Ein Lied noch", sagt Annika. Sie hat nicht gedacht, dass Flöte spielen solchen Spaß macht! Ihr und den anderen Leuten, die sie überallhin weiterempfehlen. Und ist es nicht schön, wenn man anderen Menschen eine Freude machen kann? Sie putzt die Nase und setzt dann die Flöte zum letzten und schönsten Lied an die Lippen. Da kommt eine Frau aus der Haustür und sagt: „Ich wohne direkt über euch. Im ersten Stock. Ich habe Kopfschmerzen und kann es nicht mehr aushalten. Ich gebe euch zehn Euro, wenn ihr sofort aufhört und verschwindet."

„Das tut uns leid", sagt Annika. „Und gute Besserung."

So bleibt das letzte und schönste Lied leider ungespielt.

16 Der rätselhafte Engel

Michi steht auf der Fensterbank hinter der Gardine und starrt angestrengt in den sternklaren Nachthimmel. Er ist schon im Schlafanzug und frisch gebadet ist er auch.

„Michi, du wirst dich erkälten", ruft die Mutter. „Was gibt's denn draußen zu sehen?"

„Ooooch, nichts", sagt Michi und es klingt ein bisschen enttäuscht.

„Na dann komm ins Bett! Heute liest Papa die Gutenachtgeschichte."

„Wann kommt endlich der Jubend?", erkundigt sich Michi am nächsten Tag, als er aus dem Kindergarten kommt.

„Der Jubend?", sagt die Mutter und sieht Michi verwirrt an. „Heute Abend kommt vielleicht der Nikolaus. Hast du schon deinen Stiefel rausgestellt?"

Nein, das hat Michi vergessen! Er flitzt und holt den größten Stiefel, den er finden kann. Ob der Nikolaus den Jubend mitbringt? Der könnte ihm doch helfen beim Sachenschleppen. Er könnte die Päckchen auf den Schlitten laden und beim Austeilen helfen. Der geheimnisvolle Jubend wird für Michi zu einer immer wichtigeren Person. Michi denkt, dass er schön und stark ist. Und vor allem, dass er ganz wunderbar singen kann. So wie ein Engel vielleicht. Wo er doch schweben kann. Und fliegen kann er bestimmt auch und mit dem Schlitten durch die Luft reisen, wie der Nikolaus …

Der Nikolaus kommt in der Nacht. Michi sieht ihn nicht. Er findet nur den vollen Stiefel. Und den Jubend sieht er auch nicht. Aber Michi ist hartnäckig, wenn er etwas wissen will. Beim Frühstück fragt er, ob jemand einen kennt, der den Jubend schon mal gesehen hat.

„Du immer mit deinem Jubend", sagt die Mutter.

„Jubend – wer ist das eigentlich?", fragt der Vater.

„Der ist da oben und singt!", sagt Michi und deutet mit seinem kleinen runden Daumen energisch nach oben.

„Vielleicht meint er die Jugendband, die immer oben bei Gärtners übt?", vermutet der Vater.

„Nein, ich meine den Jubend", beharrt Michi.

Nachdem auch geduldiges Fragen nicht mehr an den Tag bringt, als dass Michis Jubend irgendwo da oben ist und singt, und weil das Haus, in dem Michi wohnt, dreizehn Stockwerke hat, forschen die Eltern nicht weiter nach.

„Ich glaube, das mit dem Jubend hat er sich einfach so ausgedacht. Vielleicht wünscht er sich einen Spielkameraden. Wie gut, dass wir im nächsten Jahr ein Baby haben werden", sagt der Vater und nimmt die Mutter fest in den Arm.

Michi, der das Gespräch halb mitgehört hat, brummt: „Es gibt ihn aber, den Jubend. Alle singen, dass es ihn gibt!" Aber er weiß nicht, wie er es beweisen soll.

Erwachsene sind manchmal zu dumm. Sie verstehen nichts von garnix, denkt Michi. Endlich ist der Weihnachtstag da. Das Wohnzimmer ist seit dem Morgen abgeschlossen, weil das Christkind dort den Baum schmückt und die Geschenke hinlegt. Irgendwie hat Michi das Gefühl, dass der Jubend mit dem Christkind zusammenarbeitet. Deshalb sieht man ihn nicht. Das Christkind sieht man schließlich auch nicht.

Der Weihnachtsgottesdienst für die Kinder ist schon um drei.

In der Kirche ist kaum noch Platz. Michi und seine Eltern setzen sich auf die schmale Seitenbank, gleich neben dem riesengroßen Tannenbaum.

Michi entdeckt viele Freunde aus dem Kindergarten. Die Jugendgruppe führt ein Krippenspiel auf. Es wird viel musiziert und gesungen.

Dann gehen alle Lichter aus. Nur noch die Kerzen am Weihnachtsbaum brennen. Es herrscht feierliche Stille.

„Fürchtet euch nicht …", sagt der Pfarrer.

„Ich fürcht mich aber", sagt Michi in der Dunkelheit und kuschelt sich an den Mantelärmel seiner Mutter. Endlich spielt die Orgel die Melodie, die Michi nur allzu gut kennt. „Ihr Kinderlein kommet …"

Alle singen mit.

Das Lied passt so gut wie keines. Schließlich ist Kindergottesdienst. Und schließlich ist es das Lied, das Michi seit Tagen so beschäftigt hat.

„Hoch oben schwebt jubelnd der Engelein Chor", singen alle, bis auf Michi. Der singt: „Hoch oben schwebt Jubend!" Er rammt seiner Mutter den Ellbogen in die Seite und flüstert aufgeregt: „Siehste, es gibt ihn doch! Und er schwebt hoch oben mit den Engeln! Jetzt hast du es selber gesungen!"

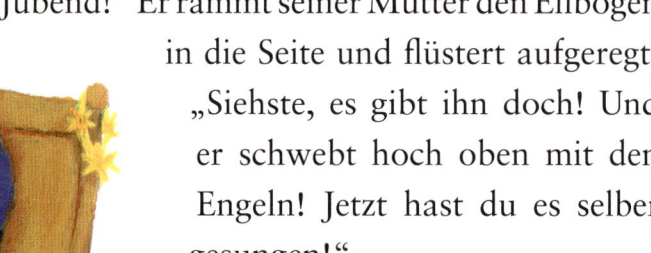

17 Karolins Wunschzettel

Katrin und Karolin waren überall in unserer Straße bekannt. Es waren die Zwillinge von Vogts im Haus Nummer neun. Sie tauchten immer nur zu zweit auf. Bis kurz vor Weihnachten jedenfalls. Ihre wuscheligen rotblonden Köpfe sah man schon von Weitem leuchten. Von Anfang an war Karolin immer das Spiegelbild von Katrin. Sie saß neben ihr im Kinderwagen, bekam mit ihr Mumps und Masern, spielte mit ihr im selben Sandkasten und war immer so angezogen wie ihre Schwester. Sie glichen sich wie ein Ei dem anderen. Schließlich waren sie auch eineiige Zwillinge. Anfangs fand es Karolin ganz lustig, wenn die Leute sie mit ihrer Schwester verwechselten. Im Kindergarten machten sich die beiden einen Spaß daraus, heimlich die Plätze oder die Gruppen zu tauschen. Sie führten mit ihrer Ähnlichkeit gerne andere an der Nase herum. Aber dann kam der erste Schultag.

Katrin und Karolin zogen mit den gleichen blauen Hosen, den gleichen weißen Polohemden, den gleichen roten Pullis, den gleichen gelben Ranzen und gleich getupften Schultüten los.

„Da kommt das doppelte Katrinchen", sagte der Lehrer. Alle lachten. Nur Karolin nicht. Sie wusste erst selbst nicht, warum. Ganz still saß sie da. Auch am nächsten und übernächsten Tag.

Katrin fand sich in der Schule schnell zurecht. Sie hatte rasch neue Freunde und bemerkte gar nicht, dass Karolin immer stiller wurde.

„Komm, spiel doch mit uns!", rief Katrin. Aber Karolin wollte nicht. „Spielverderber", sagte Katrin. Da drehte sich Karolin um und weinte.

Nach einiger Zeit sprach der Lehrer mit der Mutter.

„Katrin ist ein sehr lebhaftes Kind", sagte er. „Karolin dagegen ist still und rührt sich kaum ..."

Frau Vogt konnte sich das veränderte Verhalten von Karolin beim besten Willen nicht erklären. Auch zu Hause war sie anders als sonst. Sie blieb zu Hause, wenn Katrin zum Spielen rausging. Sie sah Bücher an, wenn Katrin Musik hörte, und sie wollte Fernsehen, wenn Katrin Mensch-ärgere-dich-nicht spielen wollte.

Karolins Wunschzettel schließlich klärte die rätselhafte Angelegenheit ziemlich anschaulich auf. Und das kam so:

„Soll ich den Wunschzettel schreiben oder du?", fragte Katrin Ende November.

„Ich möchte diesmal meinen eigenen Wunschzettel schreiben", sagte Karolin.

„Wieso denn? Wir kriegen doch immer das Gleiche", wunderte sich Katrin.

„Eben darum", antwortete Karolin. „Das finde ich schrecklich."

„Wieso denn auf einmal?", wunderte sich Katrin.

„Ich möchte mal einen quietschblauen Pulli kriegen, wenn du einen roten kriegst."

„Ich wünsch mir keinen Pulli. Ich wünsch mir Schlittschuhe", sagte Katrin.

„Ich wünsch mir Rollschuhe", sagte Karolin.

„Ich wünsch mir einen Tennisschläger", sagte Katrin.

„Ich wünsch mir einen Malkasten", sagte Karolin.

„Ich wünsch mir eine Laubsäge mit Sperrholz", sagte Katrin.

„Und ich wünsch mir ein kariertes Hemd und viele Bücher", sagte Karolin. So ging es eine ganze Weile.

„Du bist mir doch nicht böse?", erkundigte sich Karolin, als sie mit dem Wünscheaufzählen fertig waren.

„Ach Quatsch", sagte Katrin, obwohl sie Karolins letzten Wunsch ziemlich bescheuert fand: Sie wollte sich einen Pferdeschwanz wachsen lassen und ihren Namen mit C schreiben.

Als Frau Vogt Karolins Wunschzettel las, wurde sie sehr nachdenklich. Bei Karolins letztem Wunsch wurde ihr plötzlich klar, was ihre Tochter so lange bedrückt hatte: Sie wollte unverwechselbar sein. Und nicht nur der Schatten von Katrin!

Natürlich bekamen die Zwillinge nicht alles zu Weihnachten, was sie sich gewünscht hatten. Aber am Weihnachtsbaum hing ein großes selbst gebackenes C mit einer roten Haarschleife. Da wusste Carolin, dass ihre Mutter sie verstanden hatte.

18. Der schneeweiße Christbaum

Schorschi hieß eigentlich Georg und war der Sohn unseres Hausmeisters. Er war manchmal mein Freund und manchmal nicht. Wir wohnten damals in einem Mehrfamilienhaus im zweiten Stock. Außer Schorschis Familie hatten wir deshalb noch andere Nachbarn. Es waren nette Leute, wenn auch jeder von ihnen seine kleinen Eigenarten hatte.

Neben uns wohnten die Remmers. Die hatten schon große Kinder. Sie waren uralt. Mindestens fünfzig. Sie hörten gern Musik. Unter Remmers wohnten die Meyers. Die hatten gar keine Kinder und waren beide Lehrer. Wenn die Musik bei den Remmers zu laut war, klopften die Meyers mit dem Schrubber an die Decke.

Unten im Parterre wohnte Herr Bärmann, der Postbote. Der hatte eine tolle Briefmarkensammlung. Wenn er umsortierte, schenkte er uns manchmal welche von seinen doppelten Marken.

Neben ihm war die Wohnung von Schorschis Familie. Sie hießen Hammers und hatten zwei Kinder. Der Schorschi hatte nämlich noch eine Schwester, die hieß Ann-Katrin. Ann-Katrin war ein ganz normales Mädchen. Mit der spielten wir auch im Hof, meine Schwester Babsi und ich. Aber Schorschi war ein Junge, der nie einen gescheiten Gedanken hatte. Das behauptete jedenfalls sein Vater. Und dem hatten es Schorschis Lehrer so lange gesagt, bis er es selber glaubte.

Man konnte alles über Schorschi sagen, nur eines nicht: dass er nicht tierlieb war. Irgendwie schien es, als mochte er Tiere sogar lieber als Menschen. Komischerweise war seine Tierliebe daran schuld, dass ihn viele Leute nicht mochten. Und nur aus dem allereinzigen Grund, weil er andere Tiere mochte als normale Leute. Wenn „normale" Leute sich einen Pudel kauften, einen Pinscher, eine Angorakatze, ein Streifenhörnchen oder einen Wellensittich, so fand man das ganz in Ordnung. Schorschi kaufte seine Tiere nicht, er suchte sie sich selber. Manche züchtete er auch. Darunter waren Tiere, von denen sein Vater glücklicherweise nichts wusste. Sein ganzer Stolz war seine Flohkolonie. Die lebte in einem Karton im Keller. Angeblich fütterte er sie mit seinem eigenen Blut. Er hat sie uns nie gezeigt, weil er behauptete, dass das sehr gefährlich sei. Aber uns hat das mächtig imponiert. Er züchtete Spinnen, beobachtete Ameisen, rettete angeblich Fische vor dem Ertrinken! Regenwürmer vermehrte er, indem er sie teilte. Je ein Vorderteil und ein Hinterteil ergaben wieder einen neuen Regenwurm mit einem Vorderteil und einem Hinterteil, behauptete er. Und Frösche züchtete er aus Kaulquappen in der alten Badewanne, die auf der Weide hinter dem Sportplatz stand. Sie wurde nicht mehr als Tränke benutzt, seit der Bauer keine Kühe mehr hatte, sondern bloß noch Hühner und eine Legefabrik. Das war also der Schorschi.

Dass er außerdem in dem alten Schuppen im Hinterhof weiße Mäuse züchtete, wussten wir damals noch nicht.

Bei uns war es Brauch, dass sich die Nachbarn am ersten Weihnachtsfeiertag alles Gute wünschten. Da traf man sich bei Meyers, weil die das größte Wohnzimmer und die wenigsten Kinder hatten, nämlich keine. Wir wurden alle fein angezogen und man schärfte uns ein, dass wir auch den Baum ja richtig bewundern sollten, der immer ganz weiß und silbern aussah. Das Lametta hing ordentlich herunter und wirkte gekämmt und gezählt.

Genauso wie die Haare, die Herr Meyer geschickt über seine Glatze verteilte. Die wurde übrigens jedes Jahr glatter und glänzender. Genau wie die Treppenstufen zum ersten Stock, die Frau Meyer jeden zweiten Tag mit Bohnerwachs polierte. Und ich fragte mich manchmal, ob sie das bei seiner Glatze ebenfalls machte.

Auch in diesem Jahr war es wieder so weit. Fein angezogen standen wir auf dem Abstreifer im ersten Stock, klingelten und wünschten frohe Weihnachten. Meine Schwester machte sogar einen Knicks. Dann kam die große Überraschung. Herr Meyer hatte seiner Frau eine kleine weiße Katze geschenkt. Sie sah aus, als sei sie mit Persil gewaschen, aber echt niedlich. Sie hieß Mizzi. Wir bewunderten sie und den schneeweißen Baum auch.

Herr Remmer sagte: „Darf ich?", und legte seine Lieblingsplatte mit Weihnachtsmusik auf. Frau Meyer holte diesmal nicht den Schrubber zum Klopfen, sondern die Streichhölzer und zündete die Kerzen am Baum an. Postbote Bärmann hatte Tränen in den Augen. Das hat er leicht, weil er früher immer durch Wind und Wetter rennen musste.

Da klingelte es. Die Hammers kamen. Allerdings ohne Schorschi. „Schorschi kommt nach, der muss sich noch umziehen", sagte Herr Hammers und zuckte bedauernd die Schultern. „Er musste noch seine komischen Viecher füttern und sah entsprechend aus!"

Wir setzten uns an den Tisch, der sonst rund war. Jetzt war er länglich ausgezogen, damit mehr Leute daran Platz hatten. Es gab Kaffee für die Großen und Kakao für uns Kinder. Mama, Papa, Remmers, Hammers und Postbote Bärmann bewunderten immer wieder den schneeweißen Baum von allen Seiten, wie jedes Jahr.

Dann gab es endlich den leckeren Christstollen. Frau Meyer hatte das Originalrezept von ihrer Schwägerin aus Dresden. Das erzählte sie auch jedes Jahr. Da klappte unten die Haustür. Wer war das? Es waren doch alle Hausbewohner hier. Das konnte doch

nur … Herr Hammers ging ans Fenster und sah Schorschi, der mit einem Schuhkarton aus dem Haus schlich.

Er riss das Fenster auf und rief: „Schorschi! Schorschi! Du kommst jetzt herauf, aber sofort!"

„Papa, ich muss doch bloß schnell etwas wegbringen!", bat Schorschi.

„Das kannst du später. Alle warten auf dich. Komm, und zwar plötzlich!"

Schorschi zögerte. Aber er wollte es sich nicht ausgerechnet an Weihnachten mit seinem Vater verderben. So machte er kehrt und kam. Seinen Karton stellte er unauffällig in die Ecke links vom Christbaum.

„Hände waschen!", befahl der Vater.

Endlich saß Schorschi am Tisch und kriegte auch was vom Stollen ab. Es schien ihm zu schmecken. Er nahm noch ein Stück und noch eins. Keiner von uns ahnte die Katastrophe, die sich anbahnte. Höchstens die schneeweiße Katze. Sie widmete ihre ganze Aufmerksamkeit dem Karton, in dem es aufgeregt zappelte. Ich merkte erst, was passiert war, als Frau Meyer wie von der Tarantel gestochen hochsprang und schrie: „Da! Hiiiilfe! Überfall! Auf dem Christbaum!"

Sie sprang auf das Sofa. Noch wusste ich nicht warum, weil ich die schneeweißen Mäuse, die den Christbaum bevölkerten, für Christbaumschmuck hielt. Aber dann begannen sie sich hektisch zu bewegen, weil Mizzi Jagd auf sie machte. Bestimmt dachte sie, das sei nun endlich ihr Weihnachtsgeschenk. Ich weiß nicht mehr, wie alles genau gekommen ist, jedenfalls liefen alle schreiend durcheinander. Papa, Remmers und Hammers versuchten, die Mäuse zu fangen. Der Baum geriet gefährlich ins Schwanken. Herr Meyer blies die Kerzen aus, um einen Brand zu verhüten. Dann griff Hammers nach dem Schrubber, der griffbereit im Flur stand (wegen Remmers) und schlug wild um sich.

Frau Meyer stand auf dem Sofa und gab mit ausgestrecktem Zeigefinger ihre Anweisungen. Fast hätte Papa aus Versehen die neue Katze erlegt. Und Schorschi? Der nahm seinen leeren Karton und machte sich schnellstens aus dem Staub.

Später hat er mir erzählt, dass er die Mäuse wegbringen wollte in Bauer Sperbers alten Kuhstall, weil sie sich so unglaublich schnell vermehrt hatten. Vier Kartons hatte er schon weggeschafft und beim fünften hatte ihn der Vater geschnappt. Der schnappte sich allerdings seinen Sohn noch mal und versohlte ihm den Hintern, was ich sehr ungerecht finde. Schließlich war er selbst schuld, hätte er Schorschi halt nicht gerufen!

Auch die Katze war an dem Chaos nicht unschuldig. Sie hat mit ihrem Herumschnüffeln die Mäuse so aufgeregt, dass sie ein Loch in den Karton genagt haben und ausgebrochen sind. Achtundvierzig Mäuse sollen es gewesen sein. Die meisten mussten ihr Leben lassen. Schorschi war traurig deswegen. Aber wenn es um Tierliebe geht, sind die Menschen eben verschiedener Meinung. Eigentlich mochte ich Schorschi.

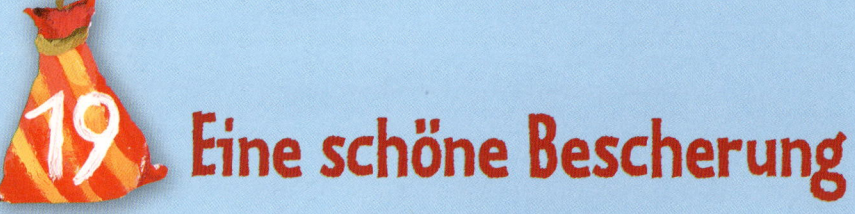

19. Eine schöne Bescherung

Wenn Onkel Nepomuk kommt, ist Anna immer ganz aus dem Häuschen. Onkel Nepomuk kann Grimassen schneiden und mit verschiedenen Stimmen sprechen. Er kann eine Stoffmaus auf dem Ärmel tanzen lassen und er kann die unglaublichsten Geschichten erzählen, von denen er immer behauptet, er habe sie selbst erlebt. Wen wundert es da noch, dass Onkel Nepomuk Annas Lieblingsonkel ist?

Leider kommt er viel zu selten. Er fährt als Kapitän auf einem großen Schiff auf allen Meeren der Welt herum und in München, wo Anna mit ihrer Familie wohnt, gibt es nun mal keinen Hafen. Daher kann man sich Annas Freude vorstellen, als es am 23. Dezember klingelt und Onkel Nepomuk vor der Tür steht: lachend, mit einem Bart, der noch dichter geworden ist.

„Jippidieee!", ruft Anna und fällt ihm um den Hals. „Wie ein Weihnachtsmann siehst du aus!", findet Anna.

„Vielleicht bin ich einer?", sagt Onkel Nepomuk und lacht verschmitzt. Er hat einen kleinen Koffer dabei und ein großes, geheimnisvolles Paket. Was da wohl drin ist?

Jetzt kommt auch Jens ins Zimmer. Die ganze Woche hat er keine Zeit für Anna gehabt. Aber jetzt, wo Onkel Nepomuk da ist, hat auch Jens Zeit.

Annas Eltern freuen sich über den überraschenden Besuch. Aber sie müssen noch schnell los, um die letzten

Besorgungen zu machen. Am Tag vor Weihnachten gibt es noch tausend Kleinigkeiten zu erledigen!

„Können wir euch so lange allein lassen?", fragt Annas Mutter, die Onkel Nepomuks Schwester ist.

„Wir bitten darum", sagt Onkel Nepomuk. „Wir werden uns bestimmt nicht langweilen."

„Also, wisst ihr", sagt Onkel Nepomuk, als Annas Eltern verschwunden sind, „ich muss euch unbedingt erzählen, was mir letztes Jahr an Weihnachten passiert ist."

„Erzähl doch!", bittet Anna.

Onkel Nepomuk macht es sich in Papas Fernsehsessel bequem, zündet die Pfeife an, schlägt die langen Beine übereinander und berichtet: „Also, wir lagen mit unserem Schiff vor Madagaskar und hatten sogar einen echten Tannenbaum an Bord. Ich freute mich auf das Weihnachtsfest, denn ich hatte ein riesengroßes Paket bekommen. Ich sah es jeden Tag an und es fiel mir schwer, es nicht vor dem 24. Dezember zu öffnen. So ging ich immer um das Paket herum und versuchte, seinen Inhalt zu erraten. Es war zwar groß, aber nicht schwer. Wenn ich es hochhob, dann klapperte es ein bisschen."

„Wie sah es denn aus?", will Anna wissen.

„So ähnlich wie das Paket dort, das ich euch mitgebracht habe. Es war in Sternchenpapier eingewickelt und hatte eine große silberne Schleife."

„Und was war drin?", fragt Jens. „Ein Modellbausatz vielleicht?"

Er erinnert sich noch gut daran, wie er mit Onkel Nepomuk bei seinem letzten Besuch ein Modellschiff gebastelt hat. Der Karton mit dem Bausatz war leicht, groß und klapperte ein bisschen.

„Noch war das Paket zu", sagt Onkel Nepomuk und zieht an der Pfeife.

„Aber dann hast du es aufgemacht?", fragt Anna.

„Natürlich", sagt Onkel Nepomuk. „Ich zog die Schleife auf und machte das Sternchenpapier ab."

„Und was war drin?", erkundigt sich Anna neugierig und sie denkt, ob in dem Paket, das Onkel Nepomuk mitgebracht hat, vielleicht eine Puppe mit Schlafaugen ist? Die war leicht, groß und klapperte ein bisschen.

„Was drin war? Ein Paket, das in Sternchenpapier gewickelt und mit einer silbernen Schleife zugebunden war", sagt Onkel Nepomuk und pafft einen Rauchkringel in die Luft.

„Nun mach's nicht so spannend. Sag schon, was in dem zweiten Paket war", drängt Jens.

„Ich zog die Schleife auf, wickelte das Paket aus, legte das Sternchenpapier zusammen und sah eine Schachtel. Sie war gar nicht schwer und klapperte ein bisschen. Ich hob den Deckel ab und wisst ihr, was drin war?"

„Nööö", rufen Jens und Anna wie aus einem Mund.

„Eine kleinere Schachtel, die mit Sternchenpapier eingewickelt und mit einer silbernen Schleife zugebunden war. Ich hab die Schleife aufgezogen, das Papier aufgemacht und schön zusammengefaltet.

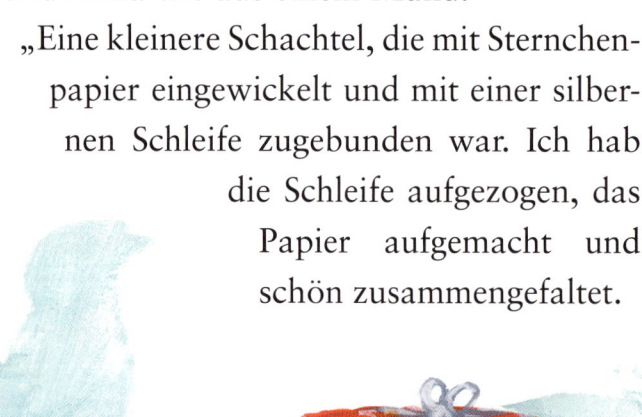

Dann hab ich die kleinere Schachtel aufgemacht. Und wisst ihr, was drin war?"

„Eine kleinere Schachtel mit Sternchenpapier und einer silbernen Schleife!", seufzt Anna.

„Aber woher weißt du das?", erkundigt sich Onkel Nepomuk und tut überrascht. „Du bist doch gar nicht dabei gewesen!"

„Weil ich jetzt weiß, wie die Geschichte weitergeht: Du hast die Schleife aufgemacht, das Papier abgewickelt und zusammengefaltet, den Deckel aufgemacht und dann …"

„… war eine noch kleinere Schachtel mit Sternchenpapier und einer silbernen Schleife drin", unterbricht Jens seine Schwester.

„Falsch geraten", sagt Onkel Nepomuk und lacht verschmitzt. „Es war ein roter Karton mit einer goldenen Schleife."

Und dann zündet er sich umständlich die Pfeife an, die beim Erzählen dieser langen Geschichte ausgegangen ist.

„Bitte, sag uns jetzt nur noch, was in der allerallerletzten Schachtel war", bittet Anna.

„Das will ich ja gerade. Sie war ganz leicht und klapperte ein bisschen. Also, ich nehme sie vorsichtig in die Hand und will sie gerade aufmachen, da erfasst ein Windstoß das Schiff, es schaukelt und bebt, ich stolpere und falle. Da ist es passiert …"

„Was ist passiert?", will Anna wissen.

„Der allerletzte Deckel der allerletzten Schachtel ist von selbst aufgesprungen. Es klirrte. Und dann zerbrach es. Das war vielleicht eine Bescherung. Tausend kleine feine Glasscherben lagen auf den Schiffsplanken. Und so kann ich euch beim besten Willen nicht sagen, was in dem Paket drin gewesen ist."

20 Das größte Geschenk

Katinka ist mit dem Großvater in der Stadt, „um Weihnachtsluft zu schnuppern", wie der Opa gesagt hat. In Wirklichkeit ist es, damit Katinka zu Hause ein bisschen aus dem Weg ist, weil die Mutter noch etwas nähen möchte.

Ein Trubel ist das überall! Die Leute drängen sich in den Geschäften, um die letzten Weihnachtseinkäufe zu machen. Viele fahnden noch nach dem schönsten Christbaum der Stadt. Frisch, kerzengerade und kräftig gewachsen. Nadeln soll er auch nicht. Der Christbaumverkäufer an der Ecke weiß gar nicht, wen er zuerst bedienen soll. Alle haben es eilig. Es sind ja nur noch ein paar Tage bis zum Fest.

Jetzt schneit es ein bisschen. Wie feiner Puderzucker legt sich der Schnee auf die Stadt. Katinka geht mit ihrem Opa über den Marktplatz. Dort sind ein paar Buden aufgestellt.

„Mhm, riecht das gut!", schnuppert Katinka, als sie beim „Mandeljakob" vorbeikommen.

Da kauft der Opa eine Tüte von den gebrannten Mandeln.

„Entschuldigung!", sagt eine Frau und drängt sich hastig mit Tüten und Päckchen an ihnen vorbei.

„Wie gut, dass ich meine Weihnachtsgeschenke schon alle habe!", seufzt der Großvater. „Ich fange immer schon im Oktober damit an! Wenn man Zeit hat und darüber nachdenkt, kann man auch vieles selbst machen."

„Opa, hast du auch ein Geschenk für mich?", erkundigt sich Katinka beim Nüsseknabbern.

„Oh", sagt der Opa und tut überrascht. „Hoffentlich hab ich das nicht vergessen." Als ihn
Katinka ein bisschen enttäuscht ansieht, sagt
er rasch: „Doch ich glaub, ich hab etwas. Etwas sehr Schönes sogar."

„Welche Farbe hat es?", will Katinka wissen.
„Es ist ein bisschen gelb, ein bisschen rot, ein bisschen blau und
ein bisschen grün gestreift."

„Das ist ja ganz schön bunt", findet
Katinka. „Wie groß ist es denn?"
„Na, vielleicht so hoch und so breit!",
sagt der Großvater und zeigt mit den
Händen ein ziemlich großes Paket an.
„Ist es eine Puppe mit einem rot-blau-
gelben Kleid mit grünen Streifen?"
Großvater schüttelt den Kopf.
„Ist es etwas fürs Kasperletheater?"
„Falsch, ganz falsch", sagt Großvater und schmunzelt. „Du
errätst es nie."
„Hast du es selbst gemacht?", fragt Katinka. Sie weiß, dass Opa
ein geschickter Bastler ist. Im letzten Jahr hat er ganz
alleine ein Kasperletheater gebastelt!
„Ein bisschen gekauft, ein bisschen selbst
gemacht", brummt der Opa.
Jetzt ist Katinka so klug wie zuvor.
Sie sind inzwischen an der Bushaltestelle
angelangt.

„Noch nicht heimfahren", bettelt Katinka. „Lass uns noch ein bisschen durch den Park gehen und weiterraten."

Katinka bringt nicht heraus, was der Großvater ihr schenken wird. Aber der Großvater bekommt durch ihre Fragen heraus, was sich Katinka so alles wünscht!

„Hast du für Papa auch ein Geschenk?"

„Natürlich", sagt der Großvater.

„Welche Farbe hat es?"

„Es ist braun und grün!", sagt der Großvater.

Jetzt versucht Katinka wenigstens herauszubekommen, was Papas Geschenk sein wird. Auch das gelingt ihr nicht. Sie versucht es noch mit Mamas, Omas und Tante Elses Geschenk. Auch das Geschenk von ihrem Bruder Peter errät sie nicht.

„Na, Peter ist ja sowieso noch ein Baby. Für den ist eine Überraschung noch keine Überraschung. Das könntest du mir doch verraten", sagt Katinka und blinzelt Opa an.

Aber der Opa lässt sich nicht überlisten.

„Schließlich ist die Vorfreude die schönste Freude", behauptet er.

Aber Katinka gibt nicht auf: „Sag, wer kriegt denn das größte und schönste Geschenk?"

„Tja", sagt der Opa, „ich glaube, das kann ich dir verraten."

Überrascht bleibt Katinka stehen und sieht Opa an.

„Wirklich?", sagt sie ungläubig.

„Das größte und schönste Weihnachtsgeschenk ist für uns alle: Es ist das Christkind selbst. Doch leider passiert es oft, dass die Menschen das vor lauter anderen Geschenken vergessen."

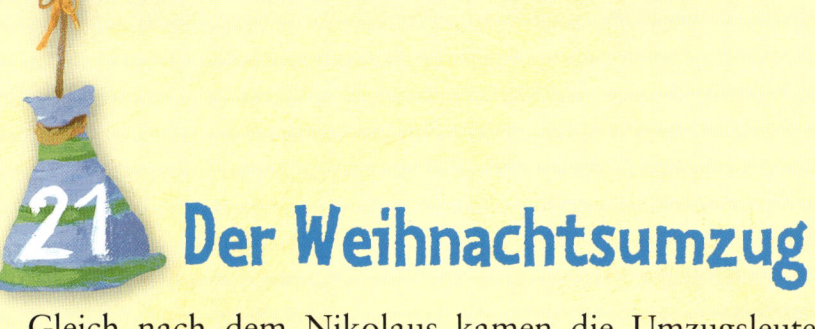

21 Der Weihnachtsumzug

Gleich nach dem Nikolaus kamen die Umzugsleute! Wie ein Sturm fegten sie durchs Haus und packten alles ein, was sie erwischten. Sogar Trixis Zahnklammer. Alles verschwand in einem der hundert braunen Kartons, die jetzt überall im neuen Haus herumstanden.

Trixi war sauer. Sie freute sich diesmal kein bisschen auf Weihnachten.

Die ganze Gemütlichkeit war beim Teufel. Kein Plätzchenbacken, kein Geschichtenerzählen. Keiner hatte Zeit!

Jetzt war schon der zweite Advent und immer noch wurde überall gehämmert und gebohrt. Es wurden noch Kacheln, Kabel und Rohre verlegt, weil die Handwerker nicht rechtzeitig gekommen waren.

Da war noch einer, der sich in der neuen Umgebung nicht wohlfühlte. Pascha, Trixis Kater. Er schlich in Trixis Zimmer, schnurrte und rieb seinen Buckel an der Bettkante, als wollte er sich beschweren. Auch für einen Kater ist ein Umzug kein Vergnügen. Katzen hängen an ihrer gewohnten Umgebung. Das weiß doch jedes Kind. „Armer Pascha", murmelte Trixi und streichelte über das pechschwarze Fell.

Es half auch nicht viel, als Mama beim Mittagessen sagte: „Bis Weihnachten haben wir das Schlimmste geschafft!"

Da hatte sie allerdings auch noch keine Ahnung, wie das Schlimmste aussah! Der erste Schock kam am Abend.

Papa warf seinen völlig zernagten Personalausweis auf den Tisch und sagte: „Wer war das?" Man musste nicht Sherlock Holmes sein, um die Bissspuren von Paschas spitzen Zähnen zu erkennen. „Wie kommt der Kater in mein Zimmer? Mein Führerschein hat auch einen Beißrand! Sogar der Papierkorb ist angeknabbert."

„Ich hab Pascha eine Weile dort eingeschlossen, damit er nicht wegläuft. Er erschrickt immer so, wenn gebohrt wird!", sagte Trixis Bruder Pit.

„Wenn er nur weggelaufen wäre", knurrte Papa ärgerlich.

Am nächsten Tag schlich Pascha durch die Küche und stahl die Wurst von den belegten Broten, die Mama für die Handwerker zurechtgemacht hatte. Danach knabberte er im Flur an den Teppichfransen, damit die Zähne wieder sauber wurden. Schließlich schärfte er seine Krallen an der neuen Stofftapete.

„Nichts als Ärger mit dem Vieh. Die Katze kommt in die Garage!", rief Papa ärgerlich. „Wenigstens so lange, bis wieder Ruhe eingekehrt ist. Ich lass mir doch nicht das ganze Haus verwüsten."

Die Garage war groß und geräumig. Es hatten sogar die Fahrräder darin Platz. Aber Pascha machte sich wieder unbeliebt.

Er verrichtete sein Geschäft erstmals nicht in der dafür vorgesehenen Kiste, sondern links vorne auf der Motorhaube von Papas Auto.

„Das Vieh muss weg!", rief Papa, als er am anderen Tag die Bescherung entdeckte. Trixi verteidigte Pascha.

„Wie soll er denn sonst sagen, dass er nicht eingesperrt werden mag? Er kann doch nicht reden!"

„Entweder geht er oder ich!", sagte Papa, nahm ein Papiertaschentuch und entfernte das Häufchen mit angewidertem Gesicht. Dann schlug er die Wagentür hinter sich zu und fuhr wütend aus der Garage.

Pit sah ihm grinsend nach und sagte: „Ich weiß gar nicht, was Papa hat. Schließlich heißt das doch Kotflügel, wo Pascha draufgemacht hat!"

Der Übeltäter saß oben auf den Gartenstühlen und beobachtete die Szene unbemerkt. Dann machte er sich aus dem Staub.

Allmählich kehrte im neuen Haus etwas Ruhe ein. Die Handwerker kamen nur noch stundenweise und eines Nachmittags backte Mama Plätzchen. Endlich roch es ein bisschen nach Weihnachten im neuen Haus! Es war allerdings schon der 17. Dezember.

Als Mama am nächsten Tag mit geheimnisvoller Miene sagte, dass keiner mehr in die Abstellkammer im Keller durfte, hoffte Trixi, dass es in diesem Jahr, trotz allem, doch auch ein paar Weihnachtsgeschenke geben würde.

Das Schlimmste schien wirklich vorüber zu sein. Doch da entdeckte Papa ein zerkratztes Polster im Wohnzimmer.

Seine alte Wut gegen Pascha kam wieder hoch: „Seht bloß, dass ihr jemanden findet, der die Katze nimmt. Sonst muss sie ins Tierheim."

„Das Tierheim ist überfüllt. Hab ich im Radio gehört", bemerkte Pit.

„Dann gibt's nur noch eins: ein-schläfern!", sagte Papa zornig und blickte streng über den Rand seiner neuen Brille. Er hatte so viel Ärger im Büro und jetzt auch noch zu Hause!

Trixi bekam eine Gänsehaut. War es möglich, dass dieser grausame Mann ihr geliebter Pappi war? Wird zum Mörder bloß wegen eines zerfetzten Polsters, eines kotigen Kotflügels oder eines zerfressenen Passes? Sie nahm Pascha auf den Arm und streichelte ihn zärtlich.

„Nie im Leben!", schwor Trixi und drückte Pascha fest an sich. Der schnurrte und sah sie an, als wollte er sagen: Weshalb regen sich eigentlich alle so auf?

Als Papa am Abend nach Hause kam, hatte er wieder gute Laune. Er tat geheimnisvoll und brachte Einkaufstüten und Päckchen in den Keller.

Aber am nächsten Morgen war Pascha verschwunden! Ob Papa seine Drohung wahr gemacht hat, dachte Trixi entsetzt.

Auch Mama wusste nicht, wo Pascha war. Sie rief auf Trixis Bitte hin sogar Papa im Büro an und fragte: „Sag mal, hast du – ich meine, hast du heute Morgen Pascha gesehen?"

„Glücklicherweise nicht!", sagte Papa.

Als Pascha auch am nächsten Tag nicht auftauchte, wuchs in Trixi ein schrecklicher Verdacht. Sie fragte Pit, ob er glaubte, dass Erwachsene lügen.

Pit sagte: „Na klar. Manchmal schon."

Jetzt wurde für Trixi der Verdacht zur Gewissheit. Papa hatte Pascha umgebracht! Heimlich packte sie ihren kleinen roten Pappkoffer. Sie wollte weg von diesem grausamen Vater. Und sie wusste auch wohin! Zu Frau Kaufmann, der Mutter ihrer Freundin Ines. Die war nett zu Menschen und Tieren. Bei Kaufmanns gab es vierzehn Tiere und keinen Mörder! Trixi schlich aus dem Haus. An der Bushaltestelle traf sie Pit.

Sie verriet ihm, was sie vorhatte, und beschwor ihn: „Aber wehe, du verrätst mich!" Pit versprach zu schweigen wie ein Grab.

Frau Kaufmann staunte, als am Tag vor Weihnachten plötzlich unverhoffter Besuch vor der Tür stand. „Hallo, Trixi! Du hast ja ganz kalte Hände. Was ist denn um Himmelswillen passiert?"

„Pascha ist weg!", sagte Trixi.

„Der kommt bestimmt wieder", tröstete sie Frau Kaufmann. Trixi kam nicht dazu, die ganze schreckliche Geschichte zu erzählen, weil Ines nach Hause kam.

„Ines, hol schnell ein paar warme Socken für Trixi. Ich mache heißen Honigtee für euch!", rief Frau Kaufmann und verschwand in der Küche. Trixi sah sich um und kämpfte mit den Tränen. Drei Vögel zwitscherten im Käfig am Fenster. Daneben turnte ein Hamster im Laufrad. Fische spielten im Aquarium auf der Fensterbank und ein Hund und eine Katze teilten sich friedlich einen alten Teppich. Wie im Paradies. Friede auf Erden.

Da klingelte das Telefon. Es war Mama. Pit, dieser Schuft! Er hat mich verraten, dachte Trixi. Mörder, Verräter. Nie mehr will ich in diese Familie zurück! Ihre Augen leuchteten tiefblau vor Zorn.

Da hörte sie Frau Kaufmann am Telefon lachen: „Ich glaube, das sollten Sie ihr lieber selbst sagen!"

Sie kam und hielt Trixi den Hörer hin: „Es ist wegen Pascha!"

Trixi schob zögernd den Hörer ans Ohr. Mamas Stimme klang aufgeregt und froh: „Trixi, denk dir: Pascha ist wieder da!"

Die wollen mich bloß heimlocken, dachte Trixi düster.

„Du sagst ja gar nichts? Freust du dich nicht? Er war im Keller in der Abstellkammer. Wir müssen ihn dort eingeschlossen haben, als wir die Päckchen hineinlegten. Er ist ganz abgemagert. Willst du nicht schnell kommen und ihn füttern?"

Trixi nickte. Sie hatte einen Kloß im Hals. Aber sie spürte, dass Mama die Wahrheit sagte.

„Papa kommt und holt dich ab!"

„Ist gut", sagte Trixi. Sie war jetzt froh, dass sie den Kaufmanns nichts von ihrem schrecklichen Verdacht erzählt hatte. Als sie mit dem Vater im Auto saß, sagte sie: „Tschuldigung, Papa. Ich hab wirklich gedacht, du hast ihn …"

„Na ja, ich war ja auch ein bisschen gereizt. Erst der Umzug und dann noch Ärger im Geschäft. Da ging mir der Kater einfach auf die Nerven! Übrigens: Er mag mich trotzdem noch. In seinem Kellergefängnis hat er sich ausgerechnet meinen alten Pullover als Schlafplatz ausgesucht."

Da sahen sich die beiden an und lachten. Alles ist wie früher, dachte Trixi froh. Jetzt konnten sie ruhig Weihnachten feiern.

22 Die Spuren im Schnee

Malte war erst fünf und der Jüngste in der Familie. Er war angekommen, als alle dachten, die Familie sei mit Antje und ihrem großen Bruder Knut komplett. Antje hat sich damals sehr über den kleinen Bruder gefreut. Sie konnte überhaupt gut mit Kindern umgehen. Jetzt war sie Lernschwester im Kinderkrankenhaus. Knut dagegen konnte nie viel mit seinem kleinen Bruder anfangen. Er hielt überhaupt nicht viel von Familie. Besonders seit er sein neues Motorrad hatte. Mit dem war er dauernd unterwegs. Er war Lehrling in einer KFZ-Schlosserei. Der Vater war gegen das Motorrad. Er war auch gegen Knuts Freunde: „Alles Punks!", schimpfte er. „Die kommen mir nicht ins Haus. Auf gar keinen Fall."

Er erreichte damit, dass sich Knut die Haare ebenfalls punkig schneiden ließ und sie von Zeit zu Zeit mit Puddingfarbe färbte. Malte fand, dass die Haare das lustigste an seinem Bruder waren.

In diesem Jahr hoffte Malte, dass der Weihnachtsmann seinen Wunschzettel ganz genau las. Denn er war in der Fußballmannschaft aufgenommen worden und brauchte unbedingt Torwarthandschuhe und Fußballschuhe mit abschraubbaren Stollen.

„Glaubst du, dass der Weihnachtsmann meinen Wunschzettel gekriegt hat?", erkundigte sich Malte bei Antje, als sie vom Frühdienst nach Hause kam.

„Na klar!", sagte Antje und zog den Mantel aus.

„Knut hat gesagt, meine Briefe kann keiner lesen, weil ich noch nicht richtig schreiben kann."

„Der Weihnachtsmann kann alle Briefe lesen", beruhigte ihn Antje. „Außerdem hast du so schöne Bilder dazu gemalt."

Jetzt war Malte wieder beruhigt und konnte es kaum erwarten, bis der 24. Dezember da war.

Am Weihnachtsmorgen wich Malte nicht vom Küchenfenster. Von dort aus konnte man nämlich jeden beobachten, der auf das Haus zukam. Vielleicht würde er den Weihnachtsmann sogar sehen? Aber es kamen bloß der Briefträger und eine Nachbarin, die sich Gewürze ausleihen wollte. Malte hockte sich mit angezogenen Beinen auf die Fensterbank und hörte sich eine Kassette mit Weihnachtsgeschichten an.

Ins Wohnzimmer durfte Malte nicht mehr. Da waren Papa und Mama und schmückten den Baum. Ein Auto hielt vor dem Haus. Vier Männer saßen drin. Einer davon war Knut. Er stieg aus und kam auf das Haus zu. Er trug einen großen Karton unter dem Arm. Ob das ein Geschenk war? Gegen zwölf kam Antje. Sie hatte eine Rolle Geschenkpapier in der Tasche. Das konnte Malte deutlich erkennen.

Zu Mittag gab es Gulaschsuppe. Die hatte die Mutter schon am Vorabend gekocht. Als alle um den Mittagstisch saßen, sagte Malte: „Papa, war der Weihnachtsmann schon da?"

„Nö", sagte der Vater und nahm sich noch einen Löffel von der dampfenden Suppe.

„Vielleicht kommt er ja gar nicht", sagte Knut und grinste. „Ich verlass mich nicht auf den alten Knacker. Ich kauf mir mein Zeug selber!" Er schielte zu dem Karton in der Ecke.

„Einen DVD-Player hast du gekauft? Junge, du spinnst", sagte der Vater ärgerlich. Er war ganz und gar nicht einverstanden, dass der Sohn sein Geld für solche Sachen ausgab.

„Hab ich günstig gekriegt", behauptete Knut.

Die Mutter sagte nichts, sondern räumte die Teller weg und holte das Apfelkompott. Es war von den Herbstäpfeln im eigenen Garten. Sie war eine sparsame Hausfrau. Malte war immer noch mit dem Weihnachtsmann beschäftigt: „Ob er noch kommt?"

„Garantiert", sagte Antje.

„Der kommt, während wir in der Kirche sind", versprach die Mutter.

„Ich komm nicht mit in die Kirche. Ich geh zu Jens. Der hat ein neues Motorrad. Muss ich mir ansehen. Tschau!", sagte Knut. Schon war er aus der Tür.

Gegen vier, als es dunkel wurde, machte sich Malte mit Papa, Mama und Antje auf den Weg in die Johanniskirche. Es begann zu schneien. Ein schöner großer Baum mit echten Kerzen stand neben dem Altar.

Darunter war die Krippe aufgebaut. Antje drängelte sich mit Malte durch die Menschenmenge, damit er die Krippe aus der Nähe sehen konnte.

Dann wurden Weihnachtslieder gesungen. Die meisten kannte Malte. Als der Pfarrer predigte, spazierten Maltes Gedanken durch das Kirchenfenster. Er überlegte, dass der Weihnachtsmann ganz schön zu tun hatte, wenn er jetzt, wo alle Leute in der Kirche waren, durch die Gegend flitzen und die Geschenke verteilen musste.

Als sie nach der Kirche auf den Marktplatz traten, war alles voll mit neuem Schnee. Die Flocken trieben im Schein der Laternen über den Gehsteig. Es war so kalt, dass der Atem dampfte. Der Schnee unter den Füßen knirschte. Richtiges Weihnachtswetter. „Könnt ihr nicht schneller laufen?", drängte Malte und lief voraus. Vorbei am Kindergarten und am Spielplatz mit dem Schneemann. Drei Minuten später waren auch Maltes Eltern vor ihrem kleinen Reihenhaus.

„Er war da!", rief ihnen Malte ganz aufgeregt entgegen.

Ganz deutlich sah man Fußspuren im Schnee, die von der Haustür herkamen und auf die Straße führten. Die Tür war nur angelehnt.

„Na so was", sagte der Vater und schien beunruhigt. Sie gingen ins Haus. Die Wohnzimmertür stand offen. Hatte der Weihnachtsmann vergessen sie zuzumachen? Es war kalt im Haus.

„Moment mal", sagte der Vater. „Da stimmt was nicht!"

Er machte das Licht im Wohnzimmer an. Die Gardine war in der Terrassentür eingeklemmt. Eine Scheibe war zerbrochen.

Malte konnte den Weihnachtsbaum sehen. Noch vor der Bescherung! Auf dem Boden lagen Geschenke. Aber wie sahen sie aus! Lieblos hingeworfen. Teils nicht einmal verpackt. Das zerknüllte Geschenkpapier lag daneben. Der Weihnachtsmann muss es wirklich eilig gehabt haben, dachte Malte.

Die Mutter ahnte, was passiert war. Im gleichen Moment sprach es der Vater aus. „Einbrecher!", sagte er und lief zum Telefon, um die Polizei anzurufen.

„So eine Bescherung!", sagte der Polizist mit bissigem Humor, als er das Protokoll aufnahm. „Dieser Weihnachtsmann und sein Komplize waren auch in drei anderen Häusern in der Nachbarschaft. Während die Leute in der Kirche waren."

Und dann bat er, aufzuschreiben, was gestohlen worden war. Sein Kollege suchte nach Spuren.

„Da sind Spuren im Schnee!", rief Malte. Leider waren sie vor dem Haus schon ziemlich zertrampelt. Aber hinter dem Haus war noch ein deutlicher Fußabdruck.

„Jetzt kennen wir wenigstens seine Schuhgröße. Er trug übrigens Turnschuhe", sagte der Polizist.

Plötzlich musste Malte an seine Fußballschuhe denken. Bestimmt waren die auch gestohlen. Genauso, wie das ganze Weihnachtsfest. Denn wer mochte jetzt noch ans Feiern denken? Malte setzte sich in eine Ecke. Tränen liefen über seine Backen. Aber keiner beachtete ihn.

In diesem Augenblick kam Knut.

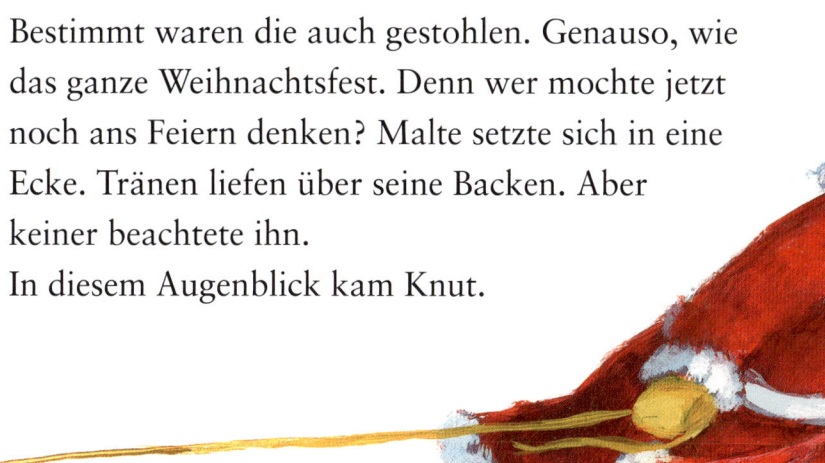

Er stieß an der Tür mit den Polizisten zusammen, die sich gerade verabschieden wollten.

„Was ist denn hier los?", erkundigte er sich erschrocken.

„Der Weihnachtsmann war da …", sagte der Polizist.

„Ach so", sagte Knut. Es klang irgendwie erleichtert.

„Einbrecher!", sagte der Vater.

„Mein DVD-Player!", rief Knut plötzlich und lief in die Küche. Der Karton war verschwunden. Ebenso wie die Schachtel mit Antjes Uhr und Mutters Armband, die der Vater gekauft und oben auf den Küchenschrank gelegt hatte.

Die Mutter sah auf Malte, der wie ein Häuflein Elend dasaß, und sagte entschlossen: „Die Kerle mögen uns bestohlen haben. Aber unser Weihnachtsfest lassen wir uns nicht wegnehmen. Komm, Papa, zünde die Kerzen an. Dann wollen wir sehen, was sie uns übrig gelassen haben!"

Knut war eine Weile ziemlich still. Er überlegte, wer davon gewusst hatte, dass er einen DVD-Player gekauft hatte. Ob der Einbruch bei ihnen wirklich bloß ein Zufall war?

Maltes Geschenke fanden sich alle! Die Torwarthandschuhe, die Fußballschuhe mit den abschraubbaren Stollen und noch sonst allerlei Überraschungen.

„Komisch", sagte Knut nachdenklich. „Die Sachen, die wir selbst gekauft haben, sind alle weg. Aber das, was der echte Weihnachtsmann gebracht hat, ist noch da!"

Und dann legte er seinen Arm um den kleinen Bruder. Das hat er lange nicht gemacht. So ist es doch noch ein schönes Weihnachtsfest geworden.

23 Der letzte Schultag

Der letzte Schultag vor den Weihnachtsferien ist immer der schönste, findet Lisa. Da wird nicht mehr geschrieben und gerechnet. Da gibt es keine Hausaufgaben. Da wird nur gespielt, gesungen und ein bisschen gefeiert.

Diesmal haben alle Kekse und Kerzen mitgebracht und das Klassenzimmer weihnachtlich geschmückt. Das war die Idee von Frau Peters. Sie ist die neue Lehrerin. Sie hat nicht nur gute Einfälle, sondern sie kann auch sehr schön auf der Gitarre spielen. Da klingen die Weihnachtslieder besonders schön und man merkt es nicht so, wenn einer einmal ein bisschen falsch singt.

Jeder hat seine Lieblingsgeschichte mitgebracht. Die sieben schönsten werden vorgelesen. Für alle Geschichten reicht die Zeit nicht. Denn nach der großen Pause dürfen alle in den Musiksaal. Da führt die achte Klasse ein Krippenspiel auf. Und dann ist es so weit: Ferien. Alle stürmen in den Schulhausflur. Sie holen die Mäntel und Mützen von den Kleiderhaken.

„Was macht ihr in den Ferien?" fragt Ines.

„Wir fahren zum Skifahren", sagt Elke.

„Und wir zu meiner Tante nach Wien!", ruft Peter dazwischen.

„Wir bleiben zu Hause", sagt Lisa. „Da ist es an Weihnachten am schönsten."

„Findest du?", sagt Bianca schnippisch. „Wir fliegen auf die Kanarischen Inseln. Da gibt es echte Weihnachtssterne hat mein Papa gesagt."

„Echte Weihnachtssterne?", wundert sich Lisa.

„Na, die roten Blumen halt", erklärt Biancas Bruder Benni.

„Wir haben sie zu Hause im Blumentopf."

„Ich freu mich auf unseren neuen Computer. Der hat tolle Programme", sagt Cornelius.

„Und ich freu mich auf meine Oma. Sie bleibt bis Januar bei uns", sagt Lisa. „Das ist schöner als Weihnachtssterne und Computer und alles. Ja, darauf freu ich mich am allermeisten."

„Wieso denn? Bringt sie dir so viele Geschenke mit?", erkundigt sich Klaus.

„Nein", sagt Lisa. „Weil ich sie so gern hab."

24 Der Stern von Bethlehem

Eine sternklare Nacht,
eine Mutter, die wacht,
ein Kind im Stall,
Engel überall.

Ein Lied in der Luft,
eine Stimme, die ruft:
auf Erden allen
ein Wohlgefallen.

Die große Freude
verkünden wir heute
wie ehedem
in Bethlehem.

Ohne Gott sind wir schutzlos,
wie Hirten und Herden
und wünschen nichts mehr
als Frieden auf Erden.

93

Umschlaggestaltung: Weiß-Freiburg GmbH, Graphik & Buchgestaltung
Satz: Arnold & Domnick, Leipzig
Herstellung: Himmer, Augsburg
Printed in Germany

ISBN 978-3-451-70958-6